Steuerliche Maßnahmen in Wirtschaftskrisen

Wie Finanzverwaltung und Gesetzgeber die Wirtschaft in der Corona-Pandemie unterstützen

Bibliografische Information der Deutschen Nationalbibliothek:

Die Deutsche Nationalbibliothek verzeichnet diese Publikation in der Deutschen Nationalbibliografie; detaillierte bibliografische Daten sind im Internet über http://dnb.d-nb.de abrufbar.

Impressum:

Copyright © Science Factory 2021

Ein Imprint der GRIN Publishing GmbH, München

Druck und Bindung: Books on Demand GmbH, Norderstedt, Germany

Covergestaltung: GRIN Publishing GmbH

Inhaltsverzeichnis

Abkürzungsverzeichnis V

A. Einleitung 1
   I.   Negative wirtschaftliche Folgen der Corona-Pandemie 1
   II   Rückblick – Vergleich zu der Finanzmarktkrise 2
   III Steuerliche Instrumente zur Krisenbewältigung 3

B. Maßnahmen der Finanzverwaltung 5
   I.   Verwaltungsanweisungen des Bundesministeriums der Finanzen 5
   II   Weitere Maßnahmen der Finanzverwaltung 17

C Maßnahmen des Steuergesetzgebers 18
   I   Die Corona-Steuerhilfegesetze 18
   II Weitere Anpassungen in den Corona-Steuerhilfegesetzen 34
   III Änderungen des Gesetzgebers im Jahressteuergesetz 2020 34

D Bewertung der steuerlichen Maßnahmen 38
   I   Bewertung der Maßnahmen der Finanzverwaltung 38
   II Bewertung der Maßnahmen in den Corona-Steuerhilfegesetzen ... 40
   III Bewertung der Anpassungen im Jahressteuergesetz 2020 42
   IV Weitere erbetene Maßnahmen – Handlungsbedarf 43

E Fazit 47
   I   Zusammenfassung 47
   II Persönliche Stellungnahme 47
   III Ausblick und Prognose 48

Literaturverzeichnis 50

Rechtsprechungsverzeichnis 62

Quellenverzeichnis 63

Abkürzungsverzeichnis

a.a.O.	am angegeben Ort
Abs.	Absatz
AfA	Absetzung für Abnutzung
AG	Amtsgericht
Anh.	Anhang
AO	Abgabenordung
Art.	Artikel
AStW	Aktuelles aus dem Steuer- und Wirtschaftsrecht (Zeitschrift)
BB	Betriebs-Berater (Zeitschrift)
BC	Zeitschrift für Bilanzierung, Rechnungswesen und Controlling
BFH	Bundesfinanzhof
BGB	Bürgerliches Gesetzbuch
BIP	Bruttoinlandsprodukt
BMF	Bundesministerium der Finanzen
BMWi	Bundes-Ministerium für Wirtschaft und Energie
Corona-StHG	Corona-Steuerhilfegesetz
COVuR	COVID-19 und Recht (Zeitschrift)
DB	Der Betrieb (Zeitschrift)
DBA	Doppelbesteuerungsabkommen
ders./dies.	derselbe/dieselbe(n)
DStR	Deutsches Steuerrecht (Zeitschrift)
EStB	Ertrag-Steuerberater (Zeitschrift)
EStG	Einkommensteuergesetz
etc.	et cetera
EU	Europäische Union

FAQ	Frequently Asked Questions, Häufig gestellte Fragen
f., ff.	(die) folgende, (die) folgenden
FDP	Freie Demokratische Partei
FG	Finanzgericht
FR	Finanz-Rundschau (Zeitschrift)
GewStG	Gewerbesteuergesetz
GewStR	Gewerbesteuer-Richtlinien
ggf.	gegebenenfalls
GG	Grundgesetz
GmbH	Gesellschaft mit beschränkter Haftung
GmbHR	GmbH-Rundschau (Zeitschrift)
GmbH-StB	Der GmbH-Steuerberater (Zeitschrift)
GrESt	Grunderwerbssteuer
GStB	Gestaltende Steuerberatung (Zeitschrift)
hrsg.	herausgegeben
Hs.	Halbsatz
i.d.R.	in der Regel
i.H.v.	in Höhe von
i.S.d.	im Sinne des
IStR-LB	Internationales Steuerrecht – Länderbericht (Zeitschrift)
i.S.v.	im Sinne von
i.V.m.	in Verbindung mit
KMU	kleine und mittlere Unternehmen
KStG	Körperschaftsteuergesetz
LGP	Löhne und Gehälter professionell (Zeitschrift)
lit.	littera
LStR	Lohnsteuer-Richtlinien

MBP	Mandat im Blickpunkt (Zeitschrift)
MwStSystRL	Mehrwertsteuersystemrichtlinie
NJW	Neue Juristische Wochenschrift (Zeitschrift)
Nr.	Nummer
NWB	Neue Wirtschafts-Briefe (Verlag)
OECD	Organisation for Economic Cooperation and Development, Organisation für Wirtschaft Zusammenarbeit und Entwicklung
o.S.	ohne Seite
o.V.	ohne Verfasser
Rn.	Randnummer
S.	Seite
SGB	Sozialgesetzbuch
SKM	Standardkostenmodell
SSP	Steuern sparen professionell (Zeitschrift)
StuB	Steuern und Bilanzen (Zeitschrift)
Tz.	Teilziffer, Textziffer
u.a.	unter anderem, und andere
UR	Umsatzsteuer-Rundschau (Zeitschrift)
USA	United States of America, Vereinigte Staaten von Amerika
UStAE	Umsatzsteuer-Anwendungs-Erlass
UStDV	Umsatzsteuer-Durchführungsverordnung
UStG	Umsatzsteuergesetz
vgl.	vergleiche
VZ	Veranlagungszeitraum
z.B.	zum Beispiel

A. Einleitung

Seit März 2020 wütet die Corona-Pandemie nun in der Bundesrepublik Deutschland, in Europa und nahezu auf der ganzen Welt. Kaum jemand hat wohl im Winter 2019 damit gerechnet, dass die Weltwirtschaft so plötzlich unter der Corona-Krise zu leiden hätte. Wie so viele andere Bereiche unseres täglichen Lebens hat die Corona Krise auch unsere Wirtschaft besonders schwer getroffen. Viele Unternehmen in Deutschland wurden schlagartig vor unerwartete und noch nie dagewesene Herausforderungen gestellt. Die Corona-Pandemie bringt Bürger[1] und Unternehmen in einen Ausnahme-zustand dessen Ende aufgrund der dynamischen Entwicklung noch immer nicht absehbar ist.

Zur Eindämmung des Corona-Virus müssen zahlreiche Abwehrmaßnahmen ergriffen werden, wie beispielsweise die Lockdowns bzw. Shutdowns, in denen das öffentliche Leben heruntergefahren wird. Es zwingt Unternehmen ihr Geschäft vorübergehend zu schließen oder Kurzarbeit und Home-Office anzuordnen. Hinzu kommt, dass sich viele Einwohner in Quarantäne begeben müssen. Die wirtschaftliche Folge sind Einbrüche der Umsätze und Gewinne. Früh ist erkennbar, dass diese Abwehrmaßnahmen tiefe Spuren bei den wirtschaftlichen Unternehmenserfolgen hinterlassen.[2]

I. Negative wirtschaftliche Folgen der Corona-Pandemie

Bis zum Beginn der Corona-Krise war die wirtschaftliche Lage in Deutschland in einem stabilen Zustand. Für die öffentlichen Haushalte waren Neuverschuldungen nicht notwendig. Dadurch konnte anhaltend eine „schwarze Null geschrieben" werden. Diese positive finanzpolitische Lage stand mit Einbruch der Corona-Pandemie plötzlich auf dem Kopf. Denn die Neuverschuldung wuchs auf eine dreistellige Milliardenhöhe an.[3] Ergebnisse einer Unternehmensbefragung im Auftrag des Bundesministeriums für Wirtschaft und Energie (BMWi), die zwischen dem 14.04.2020 und dem 23.04.2020 durchgeführt wurde, zeigen, dass dreiviertel der Unternehmen im zweiten Quartal 2020, größtenteils aufgrund von Nachfragerückgang und Liquiditätsengpässen, Umsatzeinbußen in Höhe von

---

[1] In der folgenden Arbeit wird aus Gründen der besseren Lesbarkeit ausschließlich die männliche Form verwendet. Die Angaben beziehen sich auf Angehörige aller Geschlechter (m/w/d) und es wird keine Benachteiligung anderer Geschlechter impliziert.
[2] Wagner/Farinato, COVuR 2020, 286 (286).
[3] Wünnemann, DB 20/2020, M4-M5.

durchschnittlich 55 Prozent erwarteten.[4] Die deutsche Volkswirtschaft erlebte aufgrund der Corona-Pandemie ihren stärksten Einbruch seit der Nachkriegszeit und gerät damit zusammen mit der Weltwirtschaft in eine tiefe Rezession. Der bisher größte Tiefpunkt wurde dabei im Mai 2020 erreicht.[5] Im zweiten Quartal 2020 erreichte das Bruttoinlandsprodukt (BIP) daher einen historischen Rückgang von 9,8 Prozent. Danach zeichnete sich allmählich eine Erholung der Wirtschaft ab und der Aufholprozess wird trotz erneuter (Teil-)Lockdowns fortgesetzt – wenn auch zum Ende des Jahres nur noch gedämpft (Stand: 14.12.2020).[6] Die im Oktober 2020 veröffentlichte Herbstprojektion des Bundesministeriums für Wirtschaft und Energie zeigte für das Jahr 2020 einen von der Bundesregierung zu erwartenden Rückgang des BIP um 5,5 Prozent (preisbereinigt) und einen erwarteten Anstieg um 4,4 Prozent für das Jahr 2021 sowie 2,5 Prozent für das Jahr 2022.[7]

II Rückblick – Vergleich zu der Finanzmarktkrise

Ein kurzer Rückblick zur Finanzmarktkrise aus den Jahren 2008 und 2009 soll zeigen, inwiefern ein Vergleich zu der Corona-Krise überhaupt möglich ist. Bereits die Ursachen beider Krisen unterscheiden sich grundlegend. Während die gegenwärtige Corona-Krise einer weltweiten Pandemie geschuldet ist, fand die Finanzmarktkrise ihren Ursprung in der Bankenbranche. In der Corona-Krise sind nahezu alle Wirtschaftszweige betroffen.[8] Die Corona-Pandemie und die damit verbundenen Beschränkungen legen zudem das gesamte öffentliche Leben lahm und wirken sich so auf nahezu alle Lebensbereiche aus.[9] Dagegen war die Finanzmarktkrise eine reine Wirtschaftskrise und wirkte sich überwiegend auf die Finanzmarktbranche aus.

---

[4] https://www.bmwi.de/Redaktion/DE/Pressemitteilungen/2020/20200507-deutsche-unternehmen-von-der-corona-krise-stark-betroffen-staatliche-hilfen-und-unterstuetzungsmassnahmen-kommen-an.html, zuletzt abgerufen am 14.01.2021.
[5] https://www.bmwi.de/Redaktion/DE/Pressemitteilungen/2020/09/20200901-interimsprojektion-der-bundesregierung.html, zuletzt abgerufen am 14.01.2021.
[6] https://www.bmwi.de/Redaktion/DE/Pressemitteilungen/Wirtschaftliche-Lage/2020/20201214-die-wirtschaftliche-lage-in-deutschland-im-dezember-2020.html, zuletzt abgerufen am 14.01.2021.
[7] https://www.bmwi.de/Redaktion/DE/Artikel/Wirtschaft/Projektionen-der-Bundesregierung/projektionen-der-bundesregierung-herbst-2020.html, zuletzt abgerufen am 14.01.2021.
[8] Bartosch/Berghofer, EuZW 2020, 453 (454).
[9] Bolik/Gaus, DB 2020, 687 (687).

Dennoch wird versucht, beide Krisen miteinander zu vergleichen. Womöglich hofft man auch aus den Erfahrungswerten geeignete Maßnahmen für diese Krise auszuwählen. Das Statistische Bundesamt hat zum Vergleich die konjunkturellen Entwicklungen jeweils zu Beginn der beiden Krisen gegenübergestellt. Bereits diese Kurven zeigen deutliche Unterschiede im Verlauf. Schon zu Beginn der Corona-Krise wurden viel stärkere und abrupte Einbrüche der Wirtschaft sichtbar.[10] Hinzu kommt, dass Prognosen so gut wie unmöglich sind, da erneute Einschränkungen des öffentlichen Lebens und damit Voraussagen im Hinblick auf die wirtschaftliche Entwicklung sehr stark von den Infektionszahlen abhängen. Damals so wie heute stellt man sich allerdings aus wirtschaftlicher Sicht die gleichen Fragen. Und zwar, wie eine kurzfristige Krisenbewältigung aussehen muss und wie Unternehmen mittel- und langfristig gestärkt aus der Krise „herauskommen".[11]

III Steuerliche Instrumente zur Krisenbewältigung

Zur Bewältigung der wirtschaftlichen Auswirkungen in Krisenzeiten und Abfederung der Folgen, nimmt das Steuerrecht eine Reihe von wichtigen Aufgaben an. So, wie in allen zentralen politischen Bereichen, hat auch die Steuerpolitik Maßnahmen zu ergreifen, um insbesondere die wirtschaftliche Entwicklung nachhaltig zu stärken und die Arbeitsplätze zu sichern. Die Steuerpolitik kann dabei einen wichtigen Beitrag leisten, indem sie durch steuerliche Entlastungen die Liquidität verbessert.[12] Im Kampf gegen die Corona-Krise hat die Bundesregierung das bisher größte Hilfspaket in der Geschichte der Bundesrepublik herausgebracht. Dieses milliardenschwere Hilfsprogramm hat neben dem Gesundheitsschutz der Bürger und der Wahrung des sozialen Zusammenhalts auch eine Reihe steuerlicher Hilfsmaßnahmen auf den Weg gebracht. Die steuerlichen Hilfsmaßnahmen als Teil des sogenannten „Corona-Schutzschildes" beinhalten als Maßnahmen u.a. die Erstattungen bzw. Anpassungen von Steuervorauszahlungen, eine Senkung der Umsatzsteuer, eine steuerfreie Aufstockung des Kurzarbeiter-

---

[10] https://www.destatis.de/DE/Themen/Querschnitt/Corona/krisenmonitor.html, zuletzt abgerufen am 14.01.2021.
[11] Eilers/Walter-Yadegardjam, FR 2020, 481 (481).
[12] https://www.bundesfinanzministerium.de/Content/DE/Gesetzestexte/Gesetze_Gesetzesvorhaben/Abteilungen/Abteilung_IV/19_Legislaturperiode/Gesetze_Verordnungen/2020-04-29-Corona-Steuerhilfegesetz/0-Gesetz.html, zuletzt abgerufen am 14.01.2021.

geldes, Stundungen von Steuerzahlungen und einen Vollstreckungs-aufschub.[13] Durch diese steuerlichen Mittel kann die Liquidität von betroffenen Unternehmen umgehend verbessert werden, noch bevor andere Maßnahmen wie KfW-Kredithilfen und Zuschüsse von Banken oder Kreditinstituten greifen. Die Liquiditätssicherung ist somit der wichtigste Schritt und steht an erster Stelle.[14] Die Maßnahmen der Finanzverwaltung und des Gesetzgebers betreffen zum einen das Ertragsteuerrecht und zum anderen das Umsatz-steuerrecht. Vorhandene Liquidität soll erhalten bleiben. Bereits abgeflossene Liquidität soll rückgeführt werden und die Steuerlast soll gesenkt werden.[15]

Die vorliegende Arbeit soll zeigen, welche steuerlichen Instrumente zur Verfügung stehen und über welche Maßnahmen die Finanzverwaltung und der Gesetzgeber diese gezielt einsetzen, um die negativen wirtschaftlichen Folgen der Corona-Krise kurz- und langfristig abzufedern. Zunächst werden dazu die über Verwaltungsanweisungen eingeführten Maßnahmen der Finanz-verwaltung vorgestellt. In den nächsten Schritten folgen die Maßnahmen des Gesetzgebers, die über Änderungen in den Steuergesetzen eingeführt wurden. Im Anschluss werden die bisher getroffenen Maßnahmen im Hinblick auf die verfolgten Ziele grob bewertet und vereinzelnd kritisch hinterfragt. Darüber hinaus werden die vom Gesetzgeber und der Finanzverwaltung noch nicht berücksichtigten Aspekte aufgezeigt. Die Untersuchung der steuerlichen Maßnahmen in der Corona-Krise, die bereits heute zu einem historischen Ereignis zählt, ist von grundlegender Bedeutung für das Steuerrecht, das sich in dieser Hinsicht aktuell besonders stark entwickelt. Zukünftig könnten Erkenntnisse aus dieser Krisenzeit für ähnliche Krisen genutzt werden.

---

[13] https://www.bundesfinanzministerium.de/Content/DE/Standardartikel/Themen/Schlaglichter/Corona-Schutzschild/2020-03-13-Milliarden-Schutzschild-fuer-Deutschland.html, zuletzt abgerufen am 14.01.2021.
[14] Bolik/Käshammer, DB 2020, 802 (802); Bolik/Gütschow, DB 2020, 910 (910).
[15] Wagner/Farinato, COVuR 2020, 286 (286).

B. Maßnahmen der Finanzverwaltung

Kurz nachdem die Corona-Krise auch Deutschland erreichte und die negativen wirtschaftliche Folgen ersichtlich waren, wurden gleich zu Beginn die ersten steuerlichen Maßnahmen des Bundesministeriums der Finanzen (BMF) zur Abfederung der wirtschaftlichen Folgen der Corona-Pandemie angekündigt. Diese Maßnahmen als Teil des Schutzschildes der Bundesregierung sind in erster Linie für Beschäftigte und Unternehmen bestimmt. Dabei ist der erste und wichtigste Schritt die Liquiditätssicherung der Unternehmen, welche insbesondere über das Steuerrecht erreicht werden kann.[16]

In den getroffenen Maßnahmen zeigt sich die Bandbreite der Möglichkeiten eines liquiditätsschonenden Steuervollzugs der Finanzverwaltung. Früh erkannte die Bundesregierung, dass die zum Teil erheblichen Umsatz- und Gewinnausfälle beim Steuerpflichtigen zu großen Liquiditätsengpässen führen können und diese Folge nicht noch zusätzlich durch Steuerbelastungen verstärkt werden darf. Seitens der Finanzverwaltung wurden daher umgehend steuerentlastende Maßnahmen als liquiditätsschonende Soforthilfen angeordnet.[17]

I. Verwaltungsanweisungen des Bundesministeriums der Finanzen

Bereits Mitte März 2020 veröffentlichten das BMF und die obersten Finanzbehörden der Länder jeweils Verlautbarungen zum liquiditäts-schonenden Steuervollzug zur Berücksichtigung der Auswirkungen der Corona-Krise. Hinsichtlich der darin bekanntgegebenen Maßnahmen ist die Finanzverwaltung generell angewiesen, ihr Ermessen zugunsten der Steuerpflichtigen auszulegen.[18] Zusätzlich veröffentlichte das BMF einen FAQ-Katalog, der laufend an die aktuelle Situation angepasst wird, um unbestimmte Rechtsbegriffe und offene Anwendungsfragen zu beantworten.[19]

Im Einvernehmen mit den obersten Finanzbehörden der Länder hat das Bundesministerium der Finanzen diverse Sonderregelungen im Steuerrecht erklärt.

---

[16] Bolik/Gaus, DB 2020, 687 (687); Bolik/Käshammer, DB 2020, 802 (802).
[17] Mick/Dyckmans/Klein, COVuR 2020, 235 (235).
[18] Wagner/Weber, DStR 2020, 745 (745).
[19] https://www.bundesfinanzministerium.de/Content/DE/Standardartikel/Themen/Steuern/2020-04-01-FAQ_Corona_Steuern.html, zuletzt abgerufen am 14.01.2021.

Von besonderer Bedeutung ist dabei das BMF-Schreiben vom 19.03.2020, das Maßnahmen zur Steuerstundung sowie zum Vollstreckungsaufschub und die Anpassung von Vorauszahlungen beinhaltet.[20]

1 Aufgaben und Ziele der Verwaltungsanweisungen

In erster Linie zielen die Maßnahmen der Finanzverwaltung darauf ab, die Zahlungsfähigkeit von Steuerpflichtigen sicherzustellen.[21] Mit den Worten des BMF geht es vor allem darum, den Geschädigten der Corona-Krise durch steuerliche Maßnahmen zur Vermeidung unbilliger Härten entgegen-zukommen. Großzügige und bürokratiearme Regelungen sollen sowohl auf Seiten des Finanzamtes als auch auf Seiten des Steuerpflichtigen ein schnelles Reagieren ermöglichen und betroffenen Steuerpflichtigen so zeitnahe Hilfe gewährleisten. Noch vorhandene Liquidität von Unternehmen soll erhalten bleiben und zukünftige Liquidität soll gesichert werden. Außerdem soll bereits abgeflossene Liquidität, wenn nötig, rückgewährt werden. Man könnte sogar meinen, dass durch die getroffenen Maßnahmen ein eigener, im Umfang unbegrenzter Kapitalmarkt geschaffen werde, der den betroffenen Steuerpflichtigen einen ähnlichen Vorteil wie den eines unverzinslichen Kredits verschaffe.[22]

2 Steuerstundungen, § 222 AO

Einer der ersten Schritte ist die Liquiditätshilfe durch Steuerstundungen. Gemäß BMF-Schreiben vom 19.03.2020 konnten nachweislich unmittelbar und nicht unerheblich betroffenen Steuerpflichtigen bis zum 31.12.2020 Anträge auf Stundung ihrer bereits fällig gewordenen und noch fällig werdenden Steuern stellen. Auf die Erhebung von Stundungszinsen konnte dabei verzichtet werden. Der § 222 Satz 3 und 4 AO bleibt unberührt.[23] Zudem sollte im Regelfall auf die Gestellung von Sicherheitsleistungen verzichtet werden.[24]

Aufgrund der anhaltenden kritischen Lage durch das Corona-Virus hat das BMF die Maßnahme inzwischen mit einem ergänzenden Schreiben vom 22.12.2020 verlängert. Somit können Stundungen nun für bis zum 31.03.2021 fällig gewordene

---

20 BMF, Schreiben vom 19.03.2020, IV A 3 – S 0336/19/10007 :002, BStBl I 2020, 262.
21 Mick/Dyckmans/Klein, COVuR 2020, 235 (235).
22 Wagner/Weber, DStR 2020, 745 (751).
23 BMF, Schreiben vom 19.03.2020, IV A 3 – S 0336/19/10007 :002, BStBl I 2020, 262, Tz. 1.
24 *Nürnberg*, in: Beck'sches Steuer- und Bilanzrechtslexikon, Corona (COVID-19) – Steuerliche Hilfsmaßnahmen, Rn. 16.

Steuern beantragt werden. Zusätzlich können in diesem Fall über den 30.06.2021 hinaus, Anschlussstundungen vereinbart werden, sofern diese mit einer bis spätestens zum 31.12.2021 dauernden Ratenzahlungs-vereinbarung zusammenhängen.[25]

a Gesetzlicher Rahmen für Steuerstundungen

Aus § 222 AO ergibt sich, dass Finanzbehörden Ansprüche aus dem Steuerschuldverhältnis ganz oder teilweise stunden können, sofern die Einziehung bei Fälligkeit eine erhebliche Härte bedeuten würde und der Anspruch durch die Stundung nicht gefährdet erscheint. I.d.R. soll die Stundung auf Antrag und gegen Sicherheitsleistung (§ 241 AO) gewährt werden.[26]

b Stundungsfähige Steuerarten

Zu den stundungsfähigen Steuerarten gehören für gewöhnlich Steuern, die zur Verwaltung der Landesfinanzbehörden gehören. Durch Art. 108 Abs. 1 und 2 und Art. 106 Abs. 3 GG erschließt sich, dass darunter die sogenannten großen Gemeinschaftssteuern, wie die Einkommensteuer, die Körperschaftssteuer, und die Umsatzsteuer fallen.[27] Auch die Kirchensteuer und der Solidaritätszuschlag können gestundet werden. Die stundungsfähigen Steuerarten werden im genannten BMF-Schreiben jedoch nicht ausdrücklich genannt. Aber die Aufgabe der Finanzverwaltung in dieser besonderen Zeit ist es, den krisenbetroffenen Steuerpflichtigen eine unbürokratische Hilfestellung zu leisten. Es ist daher anzunehmen, dass von dem in der Krise betroffenen Steuerpflichtigen auch für anderen Steuerarten, wie z.B. zur Grunderwerbsteuer und Gewerbesteuer Stundungsanträge gestellt werden können. Des Weiteren sind auch die Hauptzollämter bzw. die Generalzolldirektion sowie das Bundeszentralamt für Steuern angewiesen, den Steuerpflichtigen angemessen entgegenzukommen.[28]

c Nicht stundungsfähige Steuerarten

Da es im BMF-Schreiben heißt, dass § 222 Satz 3 und 4 AO von der Hilfsmaßnahme unberührt bleibt, können Steueransprüche gegen den Steuerschuldner nicht gestundet werden, sobald ein Dritter als Entrichtungspflichtiger die Steuer des

---

[25] BMF, Schreiben vom 22.12.2020, IV A 3 - S 0336/20/10001, DStR 2021, 42, Tz. 1.
[26] Bolik/Gaus, DB 2020, 687 (687 f.).
[27] A.a.O.
[28] *Nürnberg*, in: Beck'sches Steuer- und Bilanzrechtslexikon, Corona (COVID-19) – Steuerliche Hilfsmaßnahmen, Rn. 53; Bolik/Käshammer, DB 2020, 802 (803).

Steuerschuldners zu entrichten, d. h. einzubehalten und abzuführen, hat. Streng genommen sind diese Steuern, zu denen beispielsweise die Lohnsteuer und die Kapitalertragssteuer zählen, nämlich nicht die Steuern des steuerpflichtigen Unternehmens, sondern die Steuern von Dritten. Lediglich die pauschalierte Lohnsteuer könnte gestundet werden, weil sie eine Arbeitgeber- bzw. Betriebssteuer eigener Art ist.[29]

d Stundungsdauer

Bei Stundungsanträgen, die ohne Angabe einer Dauer eingereicht werden, ist vorerst nur ein Zeitraum von drei Monaten zu gewähren. Dabei sollen ggf. auch mögliche Zahlungsmodalitäten, wie Ratenzahlungen, berücksichtigt werden.[30] Nach Ablauf der drei Monate konnten bei fehlender Verbesserung der wirtschaftlichen Lage des Unternehmens bis zum 31.12.2020 Anschlussstundungen beantragt werden.[31]

e Voraussetzungen und Nachweispflichten für Steuerstundungen

Sofern ein Bezug zur Corona-Pandemie erkennbar ist, sind vom Finanzamt keine strengen Anforderungen an den Steuerpflichtigen als Antragsteller zu stellen. Die besonderen Verhältnisse, die zum Antrag führen, sind vom Steuerpflichtigen darzulegen.[32]

Ausgangspunkt ist stets, dass durch das Corona-Virus beträchtliche wirtschaftliche Schäden entstanden sind oder noch entstehen werden. So kann die Corona-Betroffenheit als Stundungstatbestand der erheblichen Härte aus § 222 Satz 1 AO angesehen werden und der Steuerpflichtige muss lediglich nachweisen, dass er zu den Corona-Betroffenen gehört. Welche Unterlagen als Nachweis geeignet sind, hängt vom Einzelfall ab. Beispielsweise zählen hierzu Nachweise über Produktionsausfall infolge von Erkrankung oder des Gesundheitsschutzes, Vertragsstrafen aufgrund von Lieferverzug und Mehrkosten durch Anschaffung von Hard- und Software für das Home-Office.[33] Es gilt daher nachzuweisen, dass die Geschäftstätigkeit aufgrund der Corona-Pandemie außerordentlich beschränkt

---

[29] Bolik/Gaus, DB 2020, 687 (689).
[30] *Nürnberg*, in: Beck'sches Steuer- und Bilanzrechtslexikon, Corona (COVID-19) – Steuerliche Hilfsmaßnahmen, Rn. 16.
[31] Böing/Groll, GmbH-StB 2020, 147 (149).
[32] *Nürnberg*, in: Beck'sches Steuer- und Bilanzrechtslexikon, Corona (COVID-19) – Steuerliche Hilfsmaßnahmen, Rn. 16.
[33] Bolik/Gaus, DB 2020, 687 (688).

wird oder sogar zum Erliegen kommt, sodass die im BMF-Schreiben genannte Maßnahme auf „nachweislich unmittelbar und nicht unerheblich betroffene Steuer-pflichtige" anzuwenden ist.[34]

In Bezug auf die unmittelbare Betroffenheit ist dennoch zu beachten, dass das BMF im Allgemeinen keine strengen Anforderungen stellen möchte und daher bereits die unmittelbare Betroffenheit angenommen werden kann, sofern keinerlei erheblichen Gründe dagegensprechen.[35] Wenn der wertmäßige Schaden objektiv unmöglich erscheint, soll außerdem auf eine Ablehnung des Stundungsantrages verzichtet werden. Die Nachprüfung der Voraussetzungen durch das Finanzamt hat insgesamt wohlwollend zu erfolgen. Sollte es zu einer Ablehnung des Stundungsantrages kommen, kann der Steuerpflichtige dagegen gemäß § 347 Abs. 1 Nr. 1 AO Einspruch einlegen. Zu beachten sei noch, dass Anträge auf Stundung, der nach dem 31.12.2020 fällig gewordenen Steuern, vom Steuerpflichtigen besonders zu begründen sind.[36]

3 Vollstreckungsaufschub

Als weitere Maßnahme im Sinne eines liquiditätsschonenden Steuervollzugs wurde im BMF-Schreiben vom 19.03.2020 ein Vollstreckungsaufschub angekündigt. Demnach soll bei dem unmittelbar und nicht unerheblich betroffenen Vollstreckungsschuldner bis zum 31.12.2020 von Vollstreckungs-maßnahmen bei allen rückständigen oder bis zu diesem Zeitpunkt fällig gewordenen Steuern i.S.d. Tz. 1 des genannten BMF-Schreibens abgesehen werden. Säumniszuschläge sind entsprechend zu erlassen.[37]

Auch diese Maßnahme wurde vom BMF mit seinem Schreiben vom 22.12.2020 inzwischen verlängert. Demnach soll das Finanzamt bis zum 30.06.2021 bei bis zum 31.03.2021 fällig gewordenen Steuern von Vollstreckungsmaßnahmen absehen. Bis zum 30.06.2021 entstandene Säumniszuschläge sind ebenfalls zu erlassen.

---

[34] Roser/Hausner/Ketel, EStB 2020, 132 (133).
[35] *Nürnberg*, in: Beck'sches Steuer- und Bilanzrechtslexikon, Corona (COVID-19) – Steuerliche Hilfsmaßnahmen, Rn. 7.
[36] BMF, Schreiben vom 19.03.2020, IV A 3 – S 0336/19/10007 :002, BStBl I 2020, 262, Tz. 2.
[37] BMF, Schreiben vom 19.03.2020, IV A 3 – S 0336/19/10007 :002, BStBl I 2020, 262, Tz. 3.

Wie auch bei der Steuerstundung gilt auch für den Vollstreckungsaufschub, dass bei einer Ratenzahlungsvereinbarung ein bis zum 31.12.2021 verlängerter Vollstreckungsaufschub möglich ist.[38]

a Gesetzlicher Rahmen für den Vollstreckungsaufschub

Gemäß § 253 AO ist der Vollstreckungsschuldner derjenige, gegen den sich ein Vollstreckungsverfahren nach § 249 AO richtet. Der Vollstreckungs-schuldner muss dabei nicht zwingend auch der Steuerpflichtige sein. So ist es beispielsweise bei der Kapitalertragsteuer oder Lohnsteuer möglich, dass sich ein Vollstreckungsverfahren nicht gegen den Steuerpflichtigen richtet, sondern gegen den sogenannten Abzugsverpflichteten bzw. Haftungsschuldner.[39]

Gemäß § 249 Abs. 1 AO können Finanzbehörden insbesondere wegen Steuerforderungen vollstrecken. Die Finanzbehörden können die Vermögens- und Einkommensverhältnisse des Vollstreckungsschuldners zur Vorbereitung ermitteln, vgl. § 249 Abs. 2 AO. Der § 254 AO nennt als Voraussetzung für den Beginn der Vollstreckung das sogenannte Leistungsgebot, bei dem der Vollstreckungsschuldner u.a. zur Leistung aufgefordert wird. Das Leistungsgebot ist nicht erforderlich, wenn der Vollstreckungsschuldner eine von ihm aufgrund einer Steueranmeldung geschuldete Leistung nicht erbracht hat.[40]

Nach § 257 Abs. 1 Nr. 4 AO ist die Vollstreckung außerdem einzustellen, sobald eine Steuerstundung erfolgt. Ist die Vollstreckung unbillig, kann die Vollstreckungsbehörde eine Vollstreckungsmaßnahme auch einstweilen einstellen, beschränken oder aufheben, vgl. § 258 AO. Damit ist der Finanzverwaltung ein Ermessensspielraum gegeben, ob und in welchem Umfang vollstreckt wird.[41] Kein Ermessen ist der Finanzverwaltung allerdings beim Erlass der Säumniszuschläge gegenüber dem Vollstreckungsschuldner geboten. Das FA kann den Erlass der Säumniszuschläge durch Allgemeinverfügung i.S.d. § 118 Satz 2 AO regeln.[42]

---

[38] BMF, Schreiben vom 22.12.2020, IV A 3 - S 0336/20/10001, DStR 2021, 42, Tz. 2.
[39] Bolik/Käshammer, DB 2020, 802 (804).
[40] Bolik/Käshammer, DB 2020, 802 (802).
[41] Bolik/Käshammer, DB 2020, 802 (804).
[42] Schumann, GmbH-StB 2020, 108 (110).

b Steuerarten die unter den Vollstreckungsaufschub fallen

Die unter den Vollstreckungsaufschub fallenden Steuerarten sind im BMF-Schreiben nicht ausdrücklich genannt, jedoch wird auf die Tz. 1 des BMF-Schreibens verwiesen. Daraus folgt, dass wie auch bei den Stundungen, alle Steuern, die unter die Bundesauftragsverwaltung fallen, dem Vollstreckungsaufschub unterliegen.[43] Anders jedoch, als bei den Regelungen zu den Stundungen, sind nicht nur die Einkommensteuer, die Körperschaftsteuer und die Umsatzsteuer betroffen, sondern auch besondere Erhebungsformen der Einkommensteuer, wie die Lohnsteuer, die Kapitalertragsteuer oder die Bauabzugsteuer. Als Rechtsgrundlage käme ebenfalls der § 258 AO in Betracht. Auch für Steuern, die von der Zollverwaltung verwaltet werden, können Vollstreckungsaufschübe beantragt werden.[44] Die Entscheidung darüber, ob für die Gewerbesteuer ein Vollstreckungsaufschub gewährt wird, hängt vom zuständigen Finanzamt und der Gemeinde ab.[45] I.d.R. ist die Gewerbesteuer im betreffenden BMF-Schreiben vom Vollstreckungsaufschub jedoch ausgenommen.[46]

c Voraussetzungen für den Vollstreckungsaufschub

Wie es im betreffenden BMF-Schreiben heißt, reicht es für den Vollstreckungsschutz bereits aus, dass dem Finanzamt die unmittelbare und nicht unerhebliche Betroffenheit der Corona-Krise des Vollstreckungs-schuldners „bekannt wird". Das bedeutet, dass das Finanzamt auch Tatsachen zu berücksichtigen hat, welche ihm auf andere Weise, als über eine Mitteilung des Vollstreckungsschuldner, bekannt werden oder öffentlich zugänglich gemacht werden.[47] Ob eine entsprechende Betroffenheit der Corona-Krise vorliegt, ist auch hier von den Finanzbehörden nicht mit einem hohen Prüfungsmaßstab zu beurteilen.[48]

Zu beachten ist, dass der Vollstreckungsaufschub im Rahmen der Corona-Maßnahmen nicht rückwirkend gilt. Dies hat der BFH mit Beschluss vom 30.07.2020 im Eilverfahren entschieden, nachdem sich ein in der EU ansässiges Unternehmen, mit bereits im Jahr 2019 festgesetzten Steuer-schulden, mithilfe des

---

[43] BMF, Schreiben vom 19.03.2020, IV A 3 – S 0336/19/10007 :002, BStBl I 2020, 262, Tz. 3.
[44] Bolik/Käshammer, DB 2020, 802 (802 f.).
[45] Mick/Dyckmans/Klein, COVuR 2020, 235 (236).
[46] Roser/Hausner/Ketel, EStB 2020, 132 (135).
[47] A.a.O.
[48] Böing/Groll, GmbH-StB 2020, 147 (149).

im BMF-Schreiben genannten Vollstreckungsaufschub, gegen die Vollstreckungsmaßnahmen des zuständigen Finanzamtes wandte.[49]

In einem anderen späteren Rechtsstreit, in dem sich ein Unternehmer und das zuständige Finanzamt über die Auslegung des BMF-Schreibens vom 19.03.2020 uneinig waren, hatte das Finanzgericht Berlin-Brandenburg allerdings entschieden, dass auch für Steuerschulden, die aus der Zeit vor Corona entstanden sind, ein Vollstreckungsschutz besteht, sofern nach Ermessensausübung des Finanzamtes eine wirtschaftliche Belastung des Steuerpflichtigen währen der Corona-Pandemie ersichtlich ist. Die rückständig gewordenen Steuern selbst brauchen nicht die Folge der Corona-Betroffenheit zu sein. Die Gewerbesteuer ist nach wie vor davon ausgenommen. Im betreffenden Fall blieb der Antrag des Unternehmers im Ergebnis dennoch ohne Erfolg, da die Offenlegung seiner Einkommens- und Vermögens-verhältnisse von ihm versäumt wurde.[50]

4 Anpassungen von Steuervorauszahlungen

Ebenfalls im BMF-Schreiben vom 19.03.2020 wird die Möglichkeit der Herabsetzung von Steuervorauszahlungen genannt. Gemäß Tz. 1 der Verwaltungsanweisung können nachweislich unmittelbar und nicht unerheblich negativ wirtschaftlich betroffene Steuerpflichtige bis zum 31.12.2020 Anträge auf Anpassung der Vorauszahlungen auf die Einkommen- und Körperschaftsteuer stellen.[51]

Wie die Maßnahmen zur Stundung und zum Vollstreckungsaufschub, wurde auch diese vom BMF mit dem Schreiben vom 22.12.2020 verlängert. Betroffene Steuerpflichtige können noch bis zum 31.12.2021 unter Darlegung ihrer Verhältnisse Anpassungen der Vorauszahlungen auf die Einkommen- und Körperschaftsteuer für das Jahr 2021 stellen.[52]

a Anpassung von Vorauszahlungen für das Jahr 2020

Die Rechtsgrundlage für die Anpassung der Steuervorauszahlung findet sich in § 37 Abs. 3 EStG und § 31 KStG. Grundsätzlich bemessen sich die Einkommensteuervorauszahlungen nach der Einkommensteuer, die sich nach

---

[49] BFH, Beschluss vom 30.07.2020, VII B 73/20 (AdV), NJW 2020, 3196.
[50] FG Berlin-Brandenburg, Beschluss vom 20.11.2020, 10 V 10146/20, BeckRS 2020, 33901.
[51] BMF, Schreiben vom 19.03.2020, IV A 3 – S 0336/19/10007 :002, BStBl I 2020, 262, Tz. 1.
[52] BMF, Schreiben vom 22.12.2020, IV A 3 - S 0336/20/10001, DStR 2021, 42, Tz. 3.

Anrechnung der Steuerabzugsbeträge (§ 36 Abs. 2 Nr. 2 EStG) bei der letzten Veranlagung ergeben hat. Aufgrund der Corona-Krise ist zu erwarten, dass sich der Vorjahreswert aus dem Jahr 2019 im Veranlagungszeitraum 2020 nicht widerspiegelt.[53]

Stellt der Steuerpflichtige deshalb einen Antrag auf Anpassung seiner Steuervorauszahlung, so hat er die voraussichtliche Einkommensteuer bzw. Körperschaftsteuer für den Veranlagungszeitraum 2020 gewissenhaft zu schätzen, damit das Finanzamt seine Vorauszahlung entsprechend mindern kann.[54] Das kann bei bereits entrichteten Vorauszahlungen dazu führen, dass diese an den Steuerpflichtigen wiedererstattet werden.[55]

b Nachträgliche Anpassung von Vorauszahlungen für das Jahr 2019

Gemäß § 37 Abs. 3 Satz 3 EStG kann das Finanzamt bis zum Ablauf des auf den Veranlagungszeitraum folgenden 15. Kalendermonats die Voraus-zahlungen an die Einkommensteuer anpassen, die sich für den Veranlagungszeitraum voraussichtlich ergeben werden. D.h., dass Anträge auf eine Herabsetzung der Steuervorauszahlung für das Jahr 2019 noch bis Ende März 2021 gestellt werden können.[56] Laut Rechtsprechung des BFH kann eine Anpassung der Vorauszahlung auch dann noch erfolgen, wenn die Einkommensteuererklärung für einen abgelaufenen Veranlagungszeitraum bereits beim Finanzamt abgegeben wurde.[57]

c Voraussetzungen für die Herabsetzung von Vorauszahlungen

Die Vorauszahlungen über die Einkommensteuer, die Vorauszahlungen über die Körperschaftsteuer und die Vorauszahlungen für Zwecke des Gewerbesteuermessbetrages können für Unternehmen herabgesetzt werden, sofern absehbar ist, dass die Gewinne im Veranlagungszeitraum 2020 durch geringere Umsätze aufgrund der Corona-Pandemie deutlich niedriger ausfallen werden als erwartet. [58]

---

[53] Bolik/Gütschow, DB 2020, 910 (910).
[54] A.a.O.
[55] *Nürnberg*, in: Beck'sches Steuer- und Bilanzrechtslexikon, Corona (COVID-19) – Steuerliche Hilfsmaßnahmen, Rn. 13.
[56] Bolik/Gütschow, DB 2020, 910 (910).
[57] BFH, Beschluss vom 27.09.1976, VIII B 69/75, BeckRS 1976, 22003693.
[58] Böing/Groll, GmbH-StB 2020, 147 (148).

Der Antrag kann in einem formlosen Schreiben an das zuständige Finanzamt erfolgen. Die telefonische bzw. mündliche Form ist jedoch nicht zulässig. In einigen Landesfinanzbehörden kann der Antrag vereinfacht unter Angabe der Steuerart, des Besteuerungszeitraums und des neuen zu erwartenden Vorauszahlungsbetrages eingereicht werden.[59] Insbesondere, wenn bereits Vorauszahlungen für das Jahr 2020 geleistet wurden und für diese eine Erstattung beantragt wird, ist schlüssig darzulegen, welche Einbußen erwartet werden.[60]

Die Anträge sind nicht deshalb abzulehnen, weil kein wertmäßiger Nachweis über die Minderungen vom Steuerpflichtigen erfolgen kann. In dem unbürokratischen Umgang mit dem Nachweis eines Schätzwertes für die zutreffende Vorauszahlungshöhe liegt auch hier wieder der entscheidende Vorteil eines liquiditätsschonenden Steuervollzuges. Weiterhin muss, wie bei den angekündigten Maßnahmen zur Steuerstundung, auch hier eine nachweislich unmittelbare und nicht unerhebliche Krisenbetroffenheit des Steuerpflichtigen vorliegen.[61]

aa Besonderheit bei der Anpassung von Gewerbesteuervorauszahlungen

Gemäß gleich lautender Erlasse der obersten Finanzbehörden der Länder „zu gewerbesteuerlichen Maßnahmen zur Berücksichtigung der Auswirkungen des Coronavirus (COVID-19/SARS-CoV-2)" vom 19.03.2020 gelten zur Berücksichtigung der Auswirkungen der Corona-Krise im Hinblick auf die Festsetzung des Gewerbesteuermessbetrages für Zwecke der Voraus-zahlungen besondere bzw. einfachere Voraussetzungen. Nach § 19 Abs. 3 Satz 3 GewStG kann das Finanzamt nämlich bei Kenntnis veränderter Verhältnisse hinsichtlich des Gewerbeertrages des Steuerpflichtigen für den laufenden Erhebungszeitraum eine Anpassung der Gewerbesteuervoraus-zahlung veranlassen. Diese Kenntnis wird bereits regelmäßig unterstellt, sobald dem Finanzamt ein Antrag auf Anpassung der Einkommen- und Körperschaftsteuervorauszahlungen zugeht (R 19.2 Abs. 1 Satz 5 GewStR). Daher wird bei der Anpassung der Gewerbesteuervorauszahlungen kein direkter Antrag vorausgesetzt. Zu empfehlen wäre jedoch, dass der betroffene Steuerpflichtige den Antrag bereits in dem Antrag auf Herabsetzung der Einkommensteuer- und Körperschaftsteuervorauszahlungen integriert. Die im

---

[59] Böing/Groll, GmbH-StB 2020, 147 (148).
[60] *Nürnberg*, in: Beck'sches Steuer- und Bilanzrechtslexikon, Corona (COVID-19) – Steuerliche Hilfsmaßnahmen, Rn. 13.
[61] Bolik/Gütschow, DB 2020, 910 (910).

Übrigen genannten Voraussetzungen gelten dennoch auch im Hinblick auf die Herabsetzung der GewSt. Gemäß § 19 Abs. 3 Satz 4 Gewerbesteuer ist die Gemeinde bei der Anpassung der Vorauszahlungen nach Festsetzung des Gewerbesteuermessbetrages des Finanzamtes gebunden.[62] Es gibt sogar einzelne Gemeinden, die ohne Antragsnotwendigkeit die Gewerbesteuer-vorauszahlungen für das zweite Quartal 2020 komplett aussetzen.[63]

bb Sonderfall bei der Herabsetzung von Umsatzsteuersondervoraus-zahlungen

Zwar wurde die Herabsetzung der Umsatzsteuersondervorauszahlung für die Dauerfristverlängerung (§§ 46 ff. UStDV) nicht in dem offiziellen BMF-Schreiben angekündigt, jedoch wurde sie auf der Website des BMF als weitere Liquiditätsmaßnahme genannt, ebenso wie unter III., Nr. 3 in den FAQ „Corona" (Steuern) vom BMF. Die Rechtsgrundlage zur Anpassung der Höhe der Sondervorauszahlung kann aus § 48 Abs. 3 UStDV hergeleitet werden, wonach das Finanzamt die Sondervorauszahlung festsetzen kann, wenn sie vom Unternehmer nicht oder nicht richtig berechnet wurde oder wenn die Anmeldung zu einem offensichtlich unzutreffenden Ergebnis führt.[64]

Neben einer administrativen Entlastung bietet diese Maßnahme dem von der Corona-Krise betroffenen Steuerpflichtigen zugleich einen Aufschub der Zahlung, ohne erforderlichen Stundungsantrag. Bei der Berechnung für eine abweichende Festsetzung der Vorauszahlung ist dem zuständigen Finanzamt ein Ermessensspielraum geboten, da diese in der UStDV nicht vorgegeben ist. Zu beachten ist, dass es sich lediglich um eine rein liquiditätswirksame Maßnahme handelt, bei der die Höhe der Steuereinnahme bestehen bleibt und sich nur der Zeitpunkt der Umsatzsteuerzahlung verschiebt.[65]

5 Unmittelbare und nicht unerhebliche Krisen-Betroffenheit als besondere Anspruchsvoraussetzungen

Trotz des Ziels der zügigen und unbürokratischen Hilfe ist die Inanspruchnahme der steuerlichen Hilfsmaßnahmen in der Corona-Krise an das Erfüllen bestimmter Anspruchsvoraussetzungen gebunden. Das BMF verwendet in seinen Erlassen unbestimmte Rechtsbegriffe, bei denen grundsätzlich zwar zunächst

---

[62] Bolik/Gütschow, DB 2020, 910 (910 f.).
[63] Wagner/Weber, DStR 2020, 745 (745).
[64] Bolik/Gütschow, DB 2020, 910 (911 f.).
[65] A.a.O.

Rechtsunsicherheit bei der Auslegung besteht, jedoch ist dabei zu beachten, dass die Finanzverwaltung angewiesen ist, ihr Ermessen zugunsten des Steuerpflichtigen auszulegen.[66]

Hinzu werden immer mehr offene Fragen im laufend aktualisierten FAQ- Katalog des BMF beantwortet. So heißt es darin u. a., dass die Voraussetzung der unmittelbaren und nicht unerheblichen wirtschaftlichen Krisenbetroffenheit erfüllt ist, wenn der Steuerpflichtige plausibel angeben kann, dass die Corona-Krise schwerwiegende negative Auswirkungen auf seine wirtschaftliche Situation hat (Stand 28.12.2020).[67] Eine verbindliche Verwaltungsanweisung stellt der FAQ-Katalog allerdings nicht dar. Denn die Entscheidung unter Berücksichtigung einer wohlwollenden Prüfung im Einzelfall soll den Finanzämtern und den Gemeinden obliegen.[68]

Fehlende Voraussetzungen oder nicht wahrheitsgemäße Aussagen bei der Antragsstellung des Steuerpflichtigen entsprechen der Abgabe einer unrichtigen Steuererklärung und können zu steuerstrafrechtlichen Konsequenzen führen. Eine Anspruchsgrundlage in den Corona-Regelungen als Hilfsmaßnahmen ist nur im Falle der unmittelbaren Krisenbetroffenheit gegeben. Ohne Zweifel liegt eine unmittelbare Krisenbetroffenheit beispielsweise dann vor, wenn Unternehmen aufgrund von Quarantäne-maßnahmen und Maßnahmen nach dem Infektionsschutzgesetz zur Schließung verpflichtet sind. Anders sieht es z.B. bei ausfallenden Lieferketten aus. In Fällen wie diesen, muss individuell geprüft werden, ob tatsächlich eine unmittelbare Krisenbetroffenheit vorliegt. Weiterführende Unterlagen und Begründungen sollten dabei soweit wie möglich hinzugezogen werden.[69]

Von einer lediglich mittelbaren Krisenbetroffenheit wird regelmäßig ausgegangen, wenn Absatzmärkte oder Kunden wegbrechen. Ebenso reicht eine Gewinnminderung nicht aus, wenn nicht zugleich ein Liquiditätsengpass vorliegt.[70]

---

[66] Wagner/Weber, DStR 2020, 745 (745).
[67] https://www.bundesfinanzministerium.de/Content/DE/Standardartikel/Themen/Steuern/2020-04-01-FAQ_Corona_Steuern.html, zuletzt abgerufen am 14.01.2021.
[68] Wagner/Weber, DStR 2020, 745 (745); Bolik/Käshammer, DB 2020, 802 (803).
[69] *Nürnberg*, in: Beck'sches Steuer- und Bilanzrechtslexikon, Corona (COVID-19) – Steuerliche Hilfsmaßnahmen, Rn. 4 ff.
[70] A.a.O.

Für die mittelbare Betroffenheit gelten die vorstehenden Maßnahmen nicht. Anträge sollten von den Antragstellern daher mit großer Sorgfalt und so präzise wie nur möglich formuliert werden.[71]

6 Vereinfachte Form bei der Antragsstellung

Im Hinblick auf die Antragsstellung für die steuerlichen Hilfsmaßnahmen genügt generell ein formloser Antrag zur Vereinfachung. Dennoch stellen die Steuerverwaltungen der Länder vereinfachte Formulare online zur Verfügung, an denen sich die Antragsteller orientieren sollten. Teilweise besteht auch die Möglichkeit die Anträge unkompliziert über das Online-Portal „Mein Elster" elektronisch zu übermitteln. Zwischen den einzelnen Bundesländern gibt es z. T. Unterschiede bei der Antragsstellung.[72]

II Weitere Maßnahmen der Finanzverwaltung

Neben den bereits aufgeführten Maßnahmen gibt es noch weitere bedeutende Steuererleichterungen vom BMF, wie beispielsweise die steuerbefreiten Arbeitgeberzuschüsse und die befristete Senkung der Umsatzsteuersätze. Diese Maßnahmen der Finanzverwaltung wurden bereits kurze Zeit nach Verkündung in den BMF-Schreiben vom Gesetzgeber durch entsprechende gesetzliche Änderungen umgesetzt und so gesetzlich gefestigt. Im folgenden Abschnitt wird daher entsprechend auf die steuerlichen Hilfsmaßnahmen des Gesetzgebers eingegangen.

---

[71] Inioutis/Hörtnagl/Lüdemann/Rinke, BC 2020, 151 (151).
[72] Böing/Groll, GmbH-StB 2020, 147 (149); Schumann, GmbH-StB 2020, 108 (110); Bolik/Käshammer, DB 2020, 802 (803).

C Maßnahmen des Steuergesetzgebers

Zur Bewältigung der Corona-Krise und zur Eindämmung der damit verbundenen anhaltenden wirtschaftlichen Folgen, ergänzt die Bundesregierung ihre weitreichenden Hilfsprogramme, indem zusätzliche Änderungen in den Steuergesetzen eingeführt werden. Dazu zählen diverse gesetzliche Anpassungen durch die beiden Corona-Steuerhilfegesetze sowie Änderungen, die mit dem Jahressteuergesetz 2020 (JStG 2020) verabschiedet wurden.

I Die Corona-Steuerhilfegesetze

Nachdem die steuerpolitischen Maßnahmen der Finanzverwaltung im Erlasswege bereits schnelle Hilfe zur Abmilderung der wirtschaftlichen Folgen und so kurzfristige Liquiditätssicherung von betroffenen Unternehmen leisten konnten, hat auch der Gesetzgeber durch weitreichendere steuergesetzliche Maßnahmen agiert und zwei Gesetze zur Umsetzung steuerlicher Hilfsmaßnahmen zur Bewältigung der Corona-Krise verabschiedet. Im Eilverfahren haben Bundestag und Bundesrat sich dabei geeinigt. Die beschleunigte Beratung im Gesetzgebungsverfahren, bei dem der Bundesrat sogar auf eine Stellungnahme zum Regierungsentwurf und für die abschließende Beratung des Bundestagsbeschlusses verzichtete, macht die Dringlichkeit dieses Handelns seitens des Gesetzgebers deutlich.[73] Vor dem Hintergrund der anhaltenden Corona-Krise sah sich die Bundesregierung dazu gezwungen, kurzfristig gesetzgeberische Maßnahmen zu ergreifen.[74]

Die Änderungen in den Steuergesetzen sollen zum einen zu einer steuerlichen Entlastung führen und zum anderen dem Einbruch der deutschen Wirtschaft auch langfristig entgegenwirken. Für diese Zwecke wurde im ersten Schritt Anfang Juni das Gesetz zur Umsetzung steuerlicher Hilfsmaßnahmen zur Bewältigung der Corona-Krise als sogenanntes „Erstes Corona-Steuerhilfegesetz" (Erstes Corona-StHG) verabschiedet.[75] Zudem wurde in einem zweiten Schritt noch im selben Monat das sogenannte „Zweite Corona-Steuerhilfegesetz" (Zweites Corona-StHG)

---

[73] Böing/Dokholian, GmbH-StB 2020, 229 (229), Redaktion beck-aktuell, becklink 2016510.
[74] Böing/Dokholian, GmbH-StB 2020, 229 (229).
[75] Gesetz zur Umsetzung steuerlicher Hilfsmaßnahmen zur Bewältigung der Corona-Krise (Corona-Steuerhilfegesetz) vom 19.06.2020, BGBl I 2020, 1385.

beschlossen.[76] Letzteres ist zugleich auch Teil eines umfassenden Konjunktur- und Zukunftspakets.[77]

Nachfolgend werden die beiden Corona-Steuerhilfegesetze dargestellt. Aufgrund der umfangreichen gesetzlichen Änderungen, insbesondere im Zweiten Corona-StHG, die diverse Gebiete des Steuerrechts betreffen, wird dabei nur auf die bedeutendsten Maßnahmen eingegangen.

1 Erstes Corona-Steuerhilfegesetz

Am 06.05.2020 wurde der Regierungsentwurf für das Erste „Gesetz zur Umsetzung der steuerlichen Hilfsmaßnahmen zur Bewältigung der Corona-Krise" (Corona-StHG) vorgelegt. Der Bundesrat hat sich am 15.05.2020 damit befasst und keine wesentlichen Änderungen vorgebracht. Am 28.05.2020 wurde der Gesetzesentwurf in der vom Finanzausschuss geänderten Fassung vom Bundestag angenommen. Letztendlich hat der Bundesrat dem Corona-StHG am 05.06.2020 zugestimmt.[78]

Zwar sieht das Erste Corona-StHG einige steuerliche Erleichterungen vor, enthält aber ein paar der zuvor vielfach geforderten steuerlichen Maßnahmen nicht. Die Regelungen traten am 30.06.2020 am Tag nach der Verkündigung im Bundesgesetzblatt in Kraft. Teilweise gelten diese Regelungen auch rückwirkend.[79]

a Ziele des Ersten Corona-Steuerhilfegesetzes

Zentrale Ziele des Ersten Corona-StHG sind eine nachhaltige Stabilisierung der wirtschaftlichen Entwicklung und die Sicherung der Beschäftigung. Dabei sollen die von der Corona-Krise besonders betroffenen Wirtschaftsteilnehmer, wie u.a. Arbeitnehmer und Gastronomiebetriebe, unterstützt werden, indem die Liquidität verbessert wird und steuerliche Entlastungen in Anspruch genommen werden können. Die Gefahr eines geringeren Wirtschafts-wachstums soll damit angegangen werden. Zudem sollen Arbeitnehmer in systemrelevanten Berufen für ihren Arbeitseinsatz in der Krise honoriert werden.

---

[76] Zweites Gesetz zur Umsetzung steuerlicher Hilfsmaßnahmen zur Bewältigung der Corona-Krise (Zweites Corona-Steuerhilfegesetz) vom 29.06.2020, BGBl I 2020, 1512.
[77] Böing/Dokholian, GmbH-StB 2020, 229 (229).
[78] *Nürnberg*, in: Beck'sches Steuer- und Bilanzrechtslexikon, Corona (COVID-19) – Steuerliche Hilfsmaßnahmen, Rn. 9a ff.
[79] A.a.O.

Insbesondere durch ermäßigte Umsatzsteuersätze bei Restaurant- und Verpflegungsdienstleistungen und über die Möglichkeit von steuerfreien Zuschüssen des Arbeitgebers sollen diese Ziele erreicht werden.[80]

b Ermäßigter Umsatzsteuersatz bei Restaurant- und Verpflegungs-dienstleistungen, § 12 Abs. 2 Nr. 15 UStG

Gemäß Art. 1 Nr. 1 Corona-StHG wird in § 12 Abs. 2 UStG hinter der Nr. 14 Satz 3 zusätzlich die Nr. 15 angefügt. Demnach gilt für die nach dem 30.06.2020 und vor dem 01.07.2021 erbrachten Restaurant- und Verpflegungsdienstleistungen, mit Ausnahme der Abgabe von Getränken, ein ermäßigter Steuersatz von 7 Prozent anstelle von 19 Prozent.

Als Bemessungsgrundlage ist weiterhin das Entgelt gemäß § 10 UStG anzusehen. Rechtsgrundlage für die Ermäßigung besteht in Art. 98 Abs. 2 i.V.m. Anh. III Nr. 12a MwStSystRL. Für den Ausschluss von Getränken gibt es dabei gemäß der MwStSystRL ein Wahlrecht. Nach Art. 99 Abs. 1 MwStSystRL hat der ermäßigte Steuersatz mindestens 5 Prozent zu betragen.[81]

aa Hintergrund der befristeten Umsatzsteuersenkung für das Gastronomie-gewerbe

Das Gastronomiegewerbe ist im Vergleich zu anderen Gewerben besonders schwer von der Corona-Krise betroffen und teilweise gar existenzbedroht. Durch die Lockdowns und die verschärften Hygieneauflagen sind die Umsätze aus diesen Zeiträumen endgültig verloren und können nicht nachträglich eingenommen werden, so wie es z.B. bei der Warenproduktion möglich ist.[82] Da der Gesetzgeber optimistisch ist und bis Mitte 2021 eine Normalisierung der Konjunktur erwartet, wurde die Umsatzsteuersenkung auf lediglich zwölf Monate befristet.[83]

bb Auswirkungen auf die Praxis

Vorübergehend gibt es bei dem anzuwendenden Steuersatz keine Unterscheidung zwischen dem sogenannten „Vor-Ort-Verzehr" und dem „To-Go-Verzehr".[84] Das stellt in der Praxis einen zusätzlichen Vereinfachungs-effekt dar, denn Gastwirte

---

[80] Eichholz, StuB 2020, 489 (490); Böing/Dokholian, GmbH-StB 2020, 229.
[81] Bachmann/Ertl/Gebhardt/Seifert, DStR 2020, 1168 (1168 f.); *Huschens*, in: Fritsch/Huschens/Koisiak, Stotax 360° eKommentar zum UStG, § 12 UStG, Rn. 533.
[82] Liebgott, UR 2020, 405 (407).
[83] Oldiges, DB 2020, 1140 (1140).
[84] *Nürnberg*, in: Beck'sches Steuer- und Bilanzrechtslexikon, Corona (COVID-19) – Steuerliche Hilfsmaßnahmen, Rn. 87.

müssen bei Ihren Gästen nicht mehr danach fragen und bei der Abrechnung nicht mehr unterscheiden, wo die Gäste verzehren. Da die Ermäßigung jedoch nicht die alkoholischen und nichtalkoholischen Getränke betrifft, ist dieser Effekt eher beschränkt.[85] Auch in angrenzenden Branchen, wie im Lebensmitteleinzelhandel, in Metzgereien, in Bäckereien, in Cateringunternehmen und auch in Hotels, können positive Effekte erzielt werden, soweit diese Umsätze mit Speisen zum Verzehr vor Ort erzielen.[86]

cc Steuerwirkung – Erhöhte Marge, Liquiditätserhöhung oder Umsatz-steigerung

Da betroffene Unternehmen grundsätzlich das Wahlrecht haben, ob sie die ermäßigte Umsatzsteuer an ihre Kunden weitergeben oder nicht, ist die steuerliche Wirkung davon abhängig, ob die Steuerermäßigung entsprechend weitergegeben wird. Verringert sich der Bruttopreis für den Kunden, dann könnte diese Preissenkung die Nachfrage entsprechend steigern und so zu mehr Umsatz bei den betroffenen Unternehmen führen.[87]

Betroffene Unternehmen könnten mit der Steuersatzermäßigung ansonsten ihre Margen erhöhen, vorausgesetzt sie geben dieselben Bruttopreise wie zuvor an ihre Kunden weiter. Zugleich bleibt der volle Vorsteuerabzug erhalten.[88]

Als weitere Möglichkeit können die Unternehmen sich zusätzliche Liquidität durch den Verkauf von Gutscheinen verschaffen und so noch mehr von der Steuersatzermäßigung profitieren. Dies kann in Form von Einzweckgut-scheinen (vgl. § 3 Abs. 14 UStG) oder Mehrzweckgutscheinen (vgl. § 3 Abs. 15 UStG) erfolgen.[89]

dd Administrativer Mehraufwand

Bedauerlicherweise hängt die umsatzsteuerliche Ermäßigung jedoch auch mit einem erheblichen Mehraufwand bei den betroffenen Unternehmen zusammen. Unternehmen müssen entsprechende Anpassungen in ihren Kassensystemen vornehmen, was bei elektronischen Kassen zu einem technischen Umstellungs-

---

[85] Hillmer, BC 2020, 252 (253).
[86] Oldiges, DB 2020, 1140 (1140).
[87] Bachmann/Ertl/Gebhardt/Seifert, DStR 2020, 1168 (1168).
[88] Oldiges, DB 2020, 1140 (1141).
[89] A.a.O.

aufwand führt, insbesondere auch aufgrund der seit dem 01.01.2020 geltenden „Bon-Pflicht" nach § 146a Abs. 2 AO.[90]

Zudem sieht § 22 Abs. 2 UStG vor, dass die Unternehmen eine Reihe an Daten aufzeichnen müssen, wie z.B. die vereinnahmten Entgelte, getrennt nach den jeweiligen Steuersätzen (§ 22 Abs. 2 Nr. 1 Satz 1 und 2 UStG; Abschnitt 22.2 Abs. 6 Satz 1 UStAE). Das bedeutet, dass die unterschiedlichen Steuersätze, die im entsprechenden befristeten Zeitraum gelten, in den Aufzeichnungen berücksichtigt werden müssen. Speisen und Getränke müssen darin also getrennt aufgezeichnet werden.[91]

Bietet der Unternehmer seinen Kunden außerdem Speisen und Getränke zu einem pauschalen Gesamtverkaufspreis an, so hat er nach Auffassung der Finanzverwaltung für die unterschiedlich zu besteuernden Leistungen eine Aufteilung des Entgeltes zu erstellen. Dabei kann er die einfachste mögliche Berechnungs- oder Bewertungsmethode wählen.[92]

Zur Erleichterung der steuerlichen Behandlung von sogenannten „Kombiangeboten", bestehend aus Speisen und Getränken, die zu einem Gesamtpreis angeboten werden, wurde im Zuge des ermäßigten Umsatzsteuersatzes für Restaurations- und Verpflegungsdienstleistungen auch der UStAE angepasst. Gemäß Abschnitt 10.1 Abs. 12 UStAE wird es demnach nicht beanstandet, wenn zur Aufteilung des Gesamtkaufpreises von „Kombiangeboten" aus Speisen inklusive Getränken (z.B. Buffets und All-Inclusive-Angeboten) der auf die Getränke entfallende Entgeltanteil mit 30 Prozent des Pauschalpreises angesetzt wird. Außerdem wird es gemäß Abschnitt 12.16 Abs. 2 UStAE ebenfalls nicht beanstandet, wenn der auf diese Leistungen entfallende Entgeltanteil mit 15 Prozent des Pauschalpreises angesetzt wird. Diese Reglung betrifft darüber hinaus auch Hotelüber-nachtungen inklusive Frühstück.[93]

---

[90] A.a.O.
[91] Hillmer, BC 2020, 252 (252); Oldiges, DB 2020, 1140 (1141).
[92] Oldiges, DB 2020, 1140 (1141).
[93] *Nürnberg*, in: Beck'sches Steuer- und Bilanzrechtslexikon, Corona (COVID-19) – Steuerliche Hilfsmaßnahmen, Rn. 52a.

c Steuerfreie Zuschüsse des Arbeitgebers – Anpassung des EStG

Das BMF hatte zunächst schon mit seinem Schreiben vom 09.04.2020 und ergänzend mit seinem Schreiben vom 26.05.2020 steuerliche Maßnahmen zur Unterstützung der von der Corona-Krise betroffenen Arbeitnehmer angekündigt.[94] Vom Gesetzgeber wurde es daraufhin in Art. 2 Corona-StHG umgesetzt und besteht aus den beiden nachfolgend aufgeführten Anpassungen im EStG.

aa Steuerbefreiung von Corona-Sonderzahlungen der Arbeitgeber, § 3 Nr. 11a EStG

Gemäß Art. 2 Nr. 1a Corona-StHG vom 19.06.2020 wird ergänzend die Nr. 11a in § 3 EStG eingefügt. Demnach können Arbeitgeber ihren Arbeitnehmern vom 01.03.2020 bis zum 31.12.2020 aufgrund der Corona-Krise Beihilfen und Unterstützungen bis zu einem Betrag von 1.500 Euro steuer- und beitragsfrei zukommen lassen. Diese können in Form von Zuschüssen oder Sachbezügen erfolgen.

Das BMF hat im zuvor veröffentlichten Schreiben explizit festgelegt, dass die in R 3.11 Abs. 2 Satz 2 Nr. 1 bis 3 LStR genannten Voraussetzungen nicht vorliegen müssen. Das BMF betont außerdem, dass aufgrund der gesamtgesellschaftlichen Betroffenheit durch die Corona-Krise, ein die Beihilfe und Unterstützung rechtfertigender Anlass i.S.d. R 3.11 Abs. 2 Satz 1 LStR generell vorliegt.[95] Eine Unterscheidung zwischen öffentlich-rechtlichen und privaten Arbeitgebern erfolgt dabei nicht. Grundsätzlich kann die steuerfreie „Corona-Prämie" also allen Arbeitnehmern gewährt werden, selbst geringfügig entlohnten Beschäftigten.[96]

Die wichtigste Voraussetzung für die Steuerbefreiung ist, dass die Zahlung aufgrund der Corona-Krise zusätzlich zum ohnehin geschuldeten Arbeitslohn geleistet wird. Eine Entgeltumwandlung oder ein im Zusammenhang stehender Gehaltsverzicht ist ausdrücklich ausgeschlossen.[97] Unter bestimmten Voraussetzungen kann die Corona-Prämie jedoch anstelle eines Weihnachtsgeldes ausgezahlt werden.[98]

---

[94] BMF, Schreiben vom 09.04.2020, IV C 5 - S 2342/20/10009 :001, BStBl I 2020, 503; BMF, Schreiben vom 26.05.2020, IV C 4 - S 0174/19/10002 :008, BStBl I 2020, 543.
[95] BMF, Schreiben vom 09.04.2020, IV C 5 - S 2342/20/10009 :001, BStBl I 2020, 503.
[96] Arndt, GStB 2020, 216 (216).
[97] A.a.O.
[98] *Nürnberg*, in: Beck'sches Steuer- und Bilanzrechtslexikon, Corona (COVID-19) – Steuerliche Hilfsmaßnahmen, Rn. 9; Gummels, LGP 2020, 155 (155); IWW Institut für Wissen in der Wirtschaft GmbH, o.V., AStW 2020, 901 (901).

Darüber hinaus hat der BFH beschlossen, dass es sich bei der Corona-Soforthilfe aufgrund ihrer Zweckbindung regelmäßig um eine nach § 851 Abs. 1 ZPO i.V.m. § 399 Alt. 1 BGB nicht pfändbare Forderung handelt. Das Finanzamt war in einem betreffenden Fall dazu verpflichtet, die wegen rückständiger Umsatzsteuer und Umsatzsteuervorauszahlungen bereits gepfändete Corona-Soforthilfe unverzüglich zurück zu überweisen.[99]

bb Steuerfreie Aufstockung des Kurzarbeitergeldes, § 3 Nr. 28a EStG

Weiterhin wird über Art. 2 Nr. 1b Corona-StHG die Nr. 28a in § 3 EStG hinzugefügt. Demnach können Zuschüsse des Arbeitgebers zum Kurz-arbeitergeld und zum Saison-Kurzarbeitergeld bis 80 Prozent des Unter-schiedsbetrages zwischen dem Soll-Entgelt und dem Ist-Entgelt nach § 106 SGB III steuerfrei gestellt werden. Der Gesetzgeber hat die Möglichkeit vorerst befristet bis zum 31.12.2020 erweitert. Durch die Steuerbefreiung soll die vielfach in Tarifverträgen vereinbarte oder auch freiwillige Aufstockung des Kurzarbeitergeldes durch den Arbeitgeber gefördert werden. Die Steuerbefreiung gilt z. T. auch für rückliegende Zeiträume.[100]

Zu beachten sei jedoch, dass die steuerfreie Aufstockung des Kurzarbeiter-geldes sowie das Kurarbeitergeld selbst dem Progressionsvorbehalt nach § 32b Abs. 1 Satz 1 Nr. 1 lit. g EStG i.V.m. § 3 Nr. 28a EStG unterliegen, was dazu führt, dass der Steuersatz für den Lohn erhöht wird und hinterher Steuernachzahlungen für den Arbeitnehmer drohen können.[101]

2 Zweites Corona-Steuerhilfegesetz

Bereits kurze Zeit nachdem das Erste Corona-StHG in Kraft getreten ist, wurde in „Rekordzeit" das Zweite Corona-StHG verabschiedet, das zugleich Teil eines 130 Milliarden Euro schweren Konjunktur- und Zukunftspakets der Bundesregierung ist. Am 29.06.2020 wurde das Gesetzgebungsverfahren abgeschlossen, sodass das Gesetz planmäßig am 01.07.2020 in Kraft treten konnte.[102]

Auch darunter gibt es Regelungen, die rückwirkend eingesetzt werden können. Zwar fehlen auch hier zuvor gewünschte und empfohlene Maßnahmen, wie z.B. die

---

[99] BFH, Beschluss vom 09.07.2020, VII S 23/20, DStR 2020, 1734; AG Zeitz, Beschluss vom 10.08.2020, 5 M 837/19, BeckRS 2020, 18848.
[100] Hess, DStR 2020, 1153 (1153 f.).
[101] Jarass, BB 2020, 1374 (1376).
[102] *Nürnberg*, in: Beck'sches Steuer- und Bilanzrechtslexikon, Corona (COVID-19) – Steuerliche Hilfsmaßnahmen, Rn. 9h.

bisher nicht hinreichend konkretisierten verbesserten Abschreibungsbedingungen für digitale Wirtschaftsgüter, jedoch ist das Zweite Gesetz zur Umsetzung steuerlicher Hilfsmaßnahmen zur Bewältigung der Corona-Krise im Vergleich zum Ersten gleichlautenden Gesetz deutlich breitenspektraler, was die Änderungen im Steuerrecht betreffen.[103]

Von großer Bedeutung sind dabei u.a. die umfassende befristete Senkung der Umsatzsteuersätze, die verbesserten Möglichkeiten der Verlustverrechnung und die Einführung einer degressiven Abschreibung für bewegliche Wirtschaftsgüter des Anlage-vermögens (AfA) für bewegliche Wirtschaftsgüter des Anlagevermögens.

a Ziele des Zweiten Corona-Steuerhilfegesetzes

Während das Erste Corona-StHG die kurzfristige, punktuelle Entlastung zum Ziel hat, möchte der Gesetzgeber mit dem Zweiten Corona-StHG über weitere konjunkturelle Stützungsmaßnahmen die Wirtschaft ankurbeln und diese so „schnell wieder in Schwung" bringen.[104] So sollen über die steuerrechtlichen Anpassungen die Binnennachfrage und die Kaufkraft gestärkt werden, was insbesondere über die gesenkten Steuersätze erfolgen soll. Den Unternehmen sollen durch verbesserte Möglichkeiten bei der Verlustverrechnung und bei der Abschreibung zusätzliche Investitionsanreize gesetzt werden.[105]

b Änderungen des Umsatzsteuergesetzes – Senkung der Umsatzsteuersätze, § 28 Abs. 1 bis 3 UStG

Von großer und sogar historischer Bedeutung ist die Steuersatzsenkung im Zweiten Corona-StHG. Erstmals in der Geschichte der Bundesrepublik Deutschland wird der Steuersatz für die Umsatzsteuer gesenkt.[106] Lediglich selektive Änderungen gab es z.B. schon einmal im Jahr 2010 im Bereich der Beherbergungsleistungen.[107]

Wie auch das umfangreiche und detaillierte BMF-Schreiben vom 30.06.2020 final ankündigte, gelten u.a. mit dem Art. 3 des Zweiten Corona-StHG, befristet ab dem

---

[103] A.a.O.
[104] Böing/Dokholian, GmbH-StB 2020, 229 (231); Dorn, DB 2020, 1476 (1476).
[105] Schumann, EStB 2020, 261 (261); Bergan/Horlemann, DStR 2020, 1401 (1402).
[106] Dorn, DB 2020, 1476 (1476).
[107] Schäfer/Treiber, BB 2020, 1623 (1623).

01.07.2020 bis zum 31.12.2020, ermäßigte Umsatzsteuersätze für Lieferungen, sonstige Leistungen und innergemeinschaftliche Lieferung.[108]

Gesetzestechnisch erfolgt die wesentliche Änderung im UStG über § 28 UStG, welcher bereits zuvor zeitlich begrenzte Fassungen einzelner Gesetzesvorschriften enthielt.[109] Gemäß § 28 Abs. 1 und 2 UStG ist § 12 Abs. 1 und 2 UStG vom 01.07.2020 bis 31.12.2020 mit der Maßgabe anzuwenden, dass die Steuer für jeden steuerpflichtigen Umsatz 16 Prozent anstelle von 19 Prozent bzw. 5 Prozent anstelle von 7 Prozent der Bemessungsgrundlage (§§ 10, 11, 25 Abs. 3 und § 25a Abs. 3 und 4 UStG) beträgt.

aa Von der Umsatzsteuersatzänderung betroffene Umsätze

Die ermäßigten Steuersätze gelten für alle steuerpflichtigen Umsätze, die im Zeitraum vom 01.07.2020 bis zum 31.12.2020 ausgeführt wurden. Dazu gehören grundsätzlich alle Lieferungen und Leistungen. D.h., dass darunter auch u.a. innergemeinschaftliche Erwerbe, Einfuhren aus dem Drittland, Umsätze, bei denen der Leistungsempfänger Steuerschuldner ist, und sogenannte unentgeltliche Wertabgaben fallen können.[110]

Insbesondere die Änderung in § 28 Abs. 2 UStG ist hervorzuheben, wonach § 12 Abs. 2 UStG mit der Maßgabe anzuwenden ist, dass sich die Steuer in den Nummern 1 bis 15 genannten Umsätzen auf 5 Prozent ermäßigt. Da die Nr. 15 erst kurz zuvor mit dem Ersten Corona-StHG speziell zur Unterstützung der Gastronomiebranche befristet in den § 12 Abs. 2 UStG eingeführt wurde, bedeutet das für die Restaurations- und Verpflegungsdienstleistungsumsätze, dass diese, mit Ausnahme von Getränken, in der Zeit vom 01.07.2020 bis zum 31.12.2020 dem ermäßigten Steuersatz von 5 Prozent, in der Zeit vom 01.01.2021 bis zum 30.06.2021 dem ermäßigten Steuersatz von 7 Prozent und ab dem 01.07.2021 wieder dem Regelsteuersatz von 19 Prozent unterliegen.[111]

---

[108] BMF, Schreiben vom 30.06.2020, III C 2 - S 7030/20/10009 :004, BStBl I 2020, 584, Tz. 1.
[109] Korn, DStR 2020, 1345 (1348).
[110] Scholz/Connemann, GmbHR 2020, R212 (R212).
[111] *Nieskens*, in: Rau/Dürrwächter, Kommentar zum UStG, § 12 UStG, Rn. 41; Scholz/Connemann, GmbHR 2020, R212 (R213).

bb Maßgeblicher Zeitpunkt für die Anwendung der gesenkten Umsatz-steuersätze

Grundsätzlich ist der Zeitpunkt für die Anwendung des richtigen Umsatzsteuersatzes maßgeblich, in dem die Lieferung oder sonstige Leistung umsatzsteuerlich bewirkt bzw. ausgeführt wurde. Lieferungen und Werklieferungen gelten als ausgeführt, sobald der Leistungsempfänger die Verfügungsmacht an dem Gegenstand erlangt. Bewegte Lieferungen gelten ab dem Zeitpunkt als ausgeführt, an dem die Beförderung oder Versendung des Gegenstandes erfolgt. Für Elektrizität, Gas, Wasser, Kälte und Wärme ist der Ablauf des Ablesezeitraums ausschlaggebend. Dienstleistungen und Werkleistungen gelten mit der Vollendung als ausgeführt. Dauerleistungen als Dienstleistungen gelten mit Ablauf des vereinbarten Leistungszeitraums als erbracht. Im Falle von vereinbarten Teilleistungen kommt es auf den Ablauf des einzelnen Abrechnungszeitraums an.[112]

Der Zeitpunkt des Vertragsabschlusses, des Bestelleingangs, des Rechnungsdatums oder des Zahlungseingangs ist für die Anwendung des Steuersatzes unerheblich. Das kann dazu führen, dass beispielsweise aufgrund von geleisteten Anzahlungen aus der ersten Jahreshälfte 2020 hinterher zum Zeitpunkt der Leistungsausführung eine Korrektur erfolgen muss (§ 27 Abs. 1 Satz 3 UStG).[113]

cc Sonder- und Übergangsregelungen bei der Umsatzsteuersatzänderung

Die betroffenen Unternehmen hatten bei dieser Umsatzsteuersatzänderung im Vergleich zu früheren Umsatzsteuersatzänderungen nur eine sehr kurze Vorbereitungszeit. Aus Vereinfachungsgründen soll es laut BMF folglich nicht beanstandet werden, wenn der Unternehmer, für den diese Regelung zutrifft, seine Rechnungen für im Juli erbrachte Leistungen nicht berichtigt. So können diese noch den vorherigen Steuersatz von 19 Prozent bzw. 7 Prozent aufweisen.[114]

Da seit dem 01.01.2021 wieder die regulären Umsatzsteuersätze gelten, hatte das BMF am 04.11.2020 ergänzend ein Schreiben veröffentlicht. Das Schreiben dient zur Unterstützung der Steuersatzanwendung von verschiedenen Umsätzen bzw.

---

[112] BMF, Schreiben vom 30.06.2020, III C 2 - S 7030/20/10009 :004, BStBl I 2020, 584, Tz. 3.2 ff.; Korn, DStR 2020, 1345 (1349); Scholz/Connemann, GmbHR 2020, R212 (R212).
[113] Korn, DStR 2020, 1345 (1349); Scholz/Connemann, GmbHR 2020, R212 (R212).
[114] BMF, Schreiben vom 30.06.2020, III C 2 - S 7030/20/10009 :004, BStBl I 2020, 584, Tz. 3.1; Korn, DStR 2020, 1345 (1349).

Leistungen, die über den Jahreswechsel hinausgehen. Dabei gibt es aus Vereinfachungsgründen z.T. erneut Übergangsreglungen.[115]

dd Auswirkungen und praktische Umsetzung der Umsatzsteuersatz-änderung

Es ist keinesfalls verwunderlich, dass der BMF sich bereits vor Inkrafttreten des Zweiten Corona-StHG mehrfach in seinen Entwürfen und final in dem umfangreichen Anwendungsschreiben mit der Umsatzsteuersenkung befasst hat. Im finalen Schreiben vom 30.06.2020 werden vermutlich für nahezu alle betroffenen Arten von Umsätzen die jeweiligen Anwendungsregelungen abgedeckt. Denn hinter der Hilfsmaßnahme des Gesetzgebers steckt zugleich ein deutlich höherer Bürokratieaufwand für die betroffenen Unternehmen, der viele technische und rechtliche Herausforderungen mit sich bringt.[116]

Alle umsatzsteuerrelevanten IT-Systeme, Buchhaltungsprozesse, Verträge und Abrechnungen müssen gleich zweimal oder im Falle der Restaurationsumsätze gleich dreimal entsprechend umgestellt werden, da die steuerliche Maßnahme nur befristet gilt. So müssen Unternehmen mit ERP-Systemen diverse Steuerkennzeichen anpassen, die für den gültigen Zeitraum entsprechende Steuersatzfindung konfigurieren und ggf. auch neue Konten anlegen. Die Rechnungseingangsprüfung, zu der auch die Prüfung von Reisekostenabrechnungen mit den für die Gastronomie geltenden Steuersätzen gehört, erfordert eine erhöhte Achtsamkeit und führt so zu einem erheblichen Mehraufwand bei den verantwortlichen Mitarbeitern.[117]

In der unternehmerischen Praxis stellt sich darüber hinaus die Frage, ob in manchen Fällen überhaupt eine Preisanpassung erforderlich ist. Die zivilrechtliche Antwort darauf hängt von der jeweiligen Vertrags- und Rechtslage ab, insbesondere davon, ob zwischen den Parteien eine Netto- oder Bruttopreisvereinbarung besteht. Weiterhin besteht für die zum Vorsteuerabzug berechtigten Unternehmen unter Umständen ein erhebliches steuerliches Risiko, sofern es zu fehlerhaften Steuerausweisungen auf den Rechnungen kommt und damit von Rechnungsaussteller und Leistungsempfänger unterschiedliche Steuersätze deklariert werden.[118]

---

[115] BMF, Schreiben vom 04.11.2020, III C 2 – S 7030/20/10009 :016, BStBl I 2020, 1129, Tz. 1 ff.
[116] Scholz/Connemann, GmbHR 2020, R212 (R213 f.).
[117] A.a.O.
[118] Eichfelder, DB 2020, 1649 (1649 ff.).

c Maßnahmen zur steuerlichen Behandlung von Verlusten

Aufgrund der durch die Corona-Krise verursachten Einschränkungen im öffentlichen Leben, verringern sich viele Gewinneinkünfte und Einkünfte aus Vermietung und Verpachtung im Vergleich zu den Vorjahren erheblich, sodass für den VZ 2020 ein rücktragsfähiger Verlust i.S.d. § 10d Abs. 1 Satz 1 EStG zu erwarten ist. Als weitere Corona-Sofortmaßnahme zur Liquiditätsstärkung betroffener Unternehmen hatte das BMF daher zu Beginn das Schreiben „Antrag auf pauschalierte Herabsetzung bereits geleisteter Vorauszahlungen für 2019" am 24.04.2020 veröffentlicht.[119]

Demnach können unmittelbar und nicht unerheblich negativ betroffene Steuerpflichtige in den zeitlichen Grenzen des § 37 Abs. 3 Satz 3 EStG grundsätzlich eine Herabsetzung der festgesetzten Vorauszahlungen für den VZ 2019 beantragen. Der Antrag auf Herabsetzung der Vorauszahlungen für den VZ 2019 auf Grundlage eines pauschal ermittelten Verlustrücktrags aus dem VZ 2020 soll dabei vereinfacht abgewickelt werden. Da die genaue Prognose und Darstellung entsprechender Verluste im Einzelfall in der aktuellen Situation und aufgrund der ungewissen wirtschaftlichen Entwicklung schwierig sind, soll ein pauschal ermittelter Verlustrücktrag möglich sein.[120]

Dieser pauschalierte Verlustrücktrag im BMF-Schreiben vom 24.04.2020 wurde inzwischen seit Inkrafttreten des Zweiten Corona-StHG aufgehoben bzw. durch Verankerung und Modifizierung im Gesetz ersetzt. Der Gesetzgeber hat hierzu zum einen die Höchstbeträge in § 10d Abs. 1 EStG für die VZ 2020 und 2021 angehoben und zum anderen den neuen Abschnitt „XIV. Sondervorschriften zur Bewältigung der Corona-Pandemie" mit den zusätzlichen §§ 110 und 111 EStG in das Einkommensteuergesetz aufgenommen.[121] Durch die Einführung wird zugleich ein Mechanismus geschaffen, der es möglich macht, die temporäre Anhebung der Höchstbeträge durch ein pauschaliertes Verfahren bei der Festsetzung der Vorauszahlungen und bei der Veranlagung für 2019 zu nutzen.[122]

---

[119] BMF, Schreiben vom 24.04.2020, IV C 8 - S 2225/20/10003 :010, BStBl I 2020, 496.
[120] BMF, Schreiben vom 24.04.2020, IV C 8 - S 2225/20/10003 :010, BStBl I 2020, 496; *Nürnberg*, in: Beck'sches Steuer- und Bilanzrechtslexikon, Corona (COVID-19) – Steuerliche Hilfsmaßnahmen, Rn. 30 ff.
[121] *Dorn*, DB 2020, 1476 (1477); *Nürnberg*, in: Beck'sches Steuer- und Bilanzrechtslexikon, Corona (COVID-19) – Steuerliche Hilfsmaßnahmen, Rn. 31; *Weiss*, DB 2020, 1531 (1532).
[122] *Schumann*, EStB 2020, 261 (262).

aa Erweiterung des steuerlichen Verlustrücktrags, § 10 d EStG

Über Art. 1 Nr. 4 und Art. 2 Nr. 1 Zweites Corona-StHG erfolgt die auf die VZ 2020 und 2021 befristete Erhöhung der Höchstbeträge für den auf Antrag gemäß § 10d Abs. 1 EStG möglichen Verlustrücktrag. Demnach wurden die in § 10d Abs. 1 Satz 1 EStG genannten Höchstbeträge für den Verlustrücktrag von 4 Millionen Euro auf 5 Millionen Euro und bei der Zusammenveranlagung von Ehegatten (§§ 26, 26b EStG) entsprechend von 8 Millionen Euro auf 10 Millionen Euro erhöht. Über den § 52 Abs. 18b Satz 1 und Satz 2 EStG wird der Anwendungszeitraum auf die VZ 2020 und 2021 entsprechend beschränkt.[123]

bb Anpassung von Vorauszahlungen für den VZ 2019, § 110 EStG

Prinzipiell ist eine Anpassung von Vorauszahlungen der Einkommensteuer oder der Körperschaftsteuer durch das Finanzamt schon nach § 37 Abs. 3 Satz 3 Hs. 1 EStG möglich. Das Finanzamt hat demzufolge die Vorauszahlungen an die Einkommensteuer anzupassen, die sich für den entsprechenden VZ voraussichtlich ergeben wird. Dabei sind auch zu erwartende geringere Gewinne für den VZ zu berücksichtigen. Der Steuerpflichtige muss diesen im Normalfall entsprechend glaubhaft machen.[124]

Mithilfe des neu eingeführten § 110 EStG kann der Steuerpflichtige auf Vorauszahlungen, die er im Jahr 2019 geleistet hat, einen Verlustrücktrag zur Minderung der Vorauszahlungen im VZ 2019 beantragen. Dies gilt für die aufgrund der Corona-Krise zu erwartenden Verluste, solange für den VZ 2019 noch keine Steuererklärung vorliegt, bei der die Veranlagung bereits stattgefunden hat. Dabei wird ein pauschalierter Verlustrücktrag von 30 Prozent der Gewinn- und Vermietungseinkünfte, die im Jahr 2019 zur Ermittlung der Vorauszahlungen berücksichtigt wurden, gewährt. Entsprechendes gilt auch für den pauschalierten Verlustrücktrag aus dem Jahr 2020.[125]

Gemäß § 110 Abs. 2 EStG kann anstelle des pauschalierten Verlustrücktrags i.H.v. 30 Prozent sogar ein höherer, tatsächlich nachgewiesener Verlustrücktrag geltend gemacht werden. Lediglich die in § 110 Abs. 3 EStG genannten Höchstbeträge für

---

[123] Weiss, DB 2020, 1531 (1532); Korn, DStR 2020, 1345 (1345).
[124] Weiss, DB 2020, 1531 (1534).
[125] IWW Institut für Wissen in der Wirtschaft GmbH, o.V., AStW 2020, 576 (576).

die VZ 2020 und 2021 des § 10d Abs. 1 Satz 1 EStG sind zu beachten.[126]

cc Vorläufiger Verlustrücktrag für den VZ 2020, § 111 EStG

Gemäß § 111 Abs. 1 Satz 1 EStG kann der Steuerpflichtige auf Antrag bei der Steuerfestsetzung für den VZ 2019 pauschal einen Betrag i.H.v. 30 Prozent des Gesamtbetrags der Einkünfte des VZ 2019 als Verlustrücktrag aus dem VZ 2020 abziehen. Auch hier kann abweichend von § 111 Abs. 1 Satz 1 EStG ein höherer Betrag als 30 Prozent vom Gesamtbetrag der Einkünfte abgezogen werden, sofern diese i.S.d. § 10d Abs. 1 Satz 1 EStG vom Steuerpflichtigen nachgewiesen werden können.[127]

Ein Rücktrag kann selbst dann in Betracht gezogen werden, wenn in dem Rücktragsjahr 2019 bereits ein Verlustvortrag nach § 10d Abs. 2 EStG aus dem VZ 2018 und früher vorgenommen wurde.[128] Gemäß § 111 Abs. 5 EStG ist für den VZ 2019 eine Einkommensteuererklärung für die entsprechende Anwendung einzureichen.

dd Voraussetzungen für die Anwendbarkeit der §§ 110, 111 EStG

Zu den Voraussetzungen, sowohl für die Anpassung von Vorauszahlungen für den VZ 2019 nach § 110 EStG als auch für den vorläufigen Verlustrücktrag für den VZ 2020 nach § 111 EStG gehört zunächst, dass die Vorauszahlungen für den VZ 2020 auf 0 Euro herabgesetzt wurden, vgl. § 110 Abs. 1 Satz 3 EStG bzw. § 111 Abs. 1 Satz 3 EStG. Sofern Einkünfte aus nichtselbständiger Arbeit i.S.d. § 19 EStG vorhanden sind, sind diese außerdem nicht zu berücksichtigen, vgl. § 110 Abs. 1 Satz 2 bzw. § 111 Abs. 1 Satz 2 EStG.[129]

Weitere Voraussetzung ist, dass bereits im VZ 2019 Gewinneinkünfte bzw. Einkünfte aus Vermietung und Verpachtung beim Steuerpflichtigen eingeflossen sind. Zu berücksichtigen ist allerdings, dass dabei grundsätzlich der Saldo der maßgeblichen Gewinneinkünfte und/oder der Einkünfte aus Vermietung oder Verpachtung zu Grunde gelegt wird. Das bedeutet z.B. für Steuerpflichtige, die im Jahr 2019 Vorauszahlungen wegen Gewinneinkünften hatten, ihr Unternehmen

---

[126] *Eckardt*, in: Kanzler/Kraft/Bäuml u.a., NWB Online-Kommentar zum EStG, § 110 EStG, Rn. 10.
[127] *Eckardt*, in: Kanzler/Kraft/Bäuml u.a., NWB Online-Kommentar zum EStG, § 111 EStG, Rn. 10.
[128] Weiss, DB 2020, 1531 (1534).
[129] Weiss, DB 2020, 1531 (1534).

aber beispielsweise Ende 2019 veräußern und erst im Jahr 2020 erstmals Einkünfte aus Vermietung und Verpachtung erzielen, bei denen sie Mietausfälle aufgrund der Corona-Krise erwarten, einen pauschalierten Verlustrücktrag beantragen können. Sofern Einkünfte aus nichtselbständiger Arbeit i.S.d. § 19 EStG vorhanden sind, sind diese außerdem herauszurechnen, vgl. § 110 Abs. 1 Satz 2 EStG.[130]

ee Keine Voraussetzungen für die Anwendbarkeit der §§ 110, 111 EStG

Keine Voraussetzung sieht der Gesetzgeber jedoch in der von der Corona-Krise unmittelbaren und nicht unerheblichen negativen Betroffenheit des Steuerpflichtigen, obwohl diese als Voraussetzung ursprünglich im BMF-Schreiben vom 24.04.020 aufgegriffen wurde. Das Finanzamt soll bei den Anträgen zudem großzügig handeln bzw. soll der Antrag des Steuerpflichtigen von der Finanzverwaltung sogar zwingend zu gewähren sein.[131] Lediglich über die Abschnittsüberschrift „Sondervorschriften zur Bewältigung der Corona-Pandemie" könnte eventuell ein Corona-Bezug als Tatbestandsvoraussetzung zu erkennen sein.[132]

ff Persönlicher und zeitlicher Anwendungsbereich der §§ 110, 111 EStG

Da die Regelungen im EStG zu finden sind, gelten die Vorschriften zunächst für unbeschränkt und beschränkt einkommensteuerpflichtige Personen. Über § 8 Abs. 1 S. 1 KStG und § 31 Abs. 1 Satz 1 KStG erstreckt sich die Anwendbarkeit zudem auch auf die Körperschaftsteuer. Auf die Gewerbesteuer finden die §§ 110, 111 EStG hingegen keine Anwendung. Der Zeitliche Anwendungsbereich VZ 2019 für § 110 EStG bzw. die VZ 2019 und 2020 für § 111 EStG ist in § 52 Abs. 52 und 53 EStG festgelegt.[133]

gg Keine Stundungszinsen, § 234 AO

Ergibt sich eine Steuernachzahlung, beispielsweise wenn der Steuerpflichtige im Vorauszahlungsverfahren einen Verlustrücktrag nachgewiesen hat, im Rahmen der Veranlagung jedoch nur einen pauschalen Verlustrücktrag in Anspruch genommen

---

[130] IWW Institut für Wissen in der Wirtschaft GmbH, o.V., AStW 2020, 576 (576); Bergan/Horlemann, DStR 2020, 1401 (1402 f.); Weiss, DB 2020, 1531 (1535).
[131] Weiss, DB 2020, 1531 (1534).
[132] Bergan/Horlemann, DStR 2020, 1401 (1402).
[133] *Schiffers*, in: Fuhrmann/Kraeusel/Schiffers, Stotax 360° eKommentar zum EStG, § 110 EStG, Rn. 3; Weiss, DB 2020, 1531 (1535).

hat, so kann die Nachzahlung zinslos gestundet werden, vgl. § 111 Abs. 4 EStG. Insofern werden keine Stundungszinsen i.S.v. § 234 AO erhoben.[134]

d Wiedereinführung einer degressiven Abschreibung, § 7 Abs. 2 EStG

Über die Einführung bzw. eher Wiedereinführung der degressiven Abschreibung für bewegliche Wirtschaftsgüter des Anlagevermögens (AfA) nach § 7 Abs. 2 EStG für die Jahre 2020 und 2021, sollen den Unternehmen Investitionsanreize gegeben werden und zugleich für steuerliche Entlastung und Liquidität aufgrund der erhöhten Abschreibungsbeträge gesorgt werden.[135] Die Abschreibung beträgt demnach das 2,5-fache des linearen Satzes, maximal jedoch 25 Prozent vom Restwert. Darüber hinaus kann zusätzlich die Sonderabschreibung für kleine und mittlere Unternehmen (KMU) nach § 7g Abs. 5 EStG unter bestimmten Voraussetzungen in Anspruch genommen werden.[136]

Voraussetzung für die degressive AfA ist, dass die Wirtschaftsgüter neu oder gebraucht nach dem 31.12.2019 und vor dem 01.01.2022 angeschafft bzw. hergestellt wurden. Es muss sich zudem um Wirtschaftsgüter des Betriebsvermögens handeln, d.h. es müssen Gewinneinkünfte mit der Gewinnermittlungsmethode i.S.d. § 4 Abs. 1, 5 EStG oder § 4 Abs. 3 EStG vorliegen.[137] Außerdem muss es sich um bewegliche, abnutzbare Wirtschaftsgüter des Anlagevermögens, also nicht um immaterielle, Wirtschaftsgüter handeln.[138]

Es besteht ein Wahlrecht hinsichtlich der Anwendung der Abschreibungsmethode. Es muss also nicht zwingend die degressive AfA angewendet werden. Abgesehen davon scheint die degressive AfA bei einer Nutzungsdauer von 1 bis 4 Jahren auch gar nicht sinnvoll.[139] Zuletzt wurde die degressive Abschreibung bereits in der Finanzkrise im Jahr 2008 zum Zwecke der Konjunkturstimulierung temporär eingeführt.[140]

---

[134] Bergan/Horlemann, DStR 2020, 1401 (1403); Schumann, EStB 2020, 261 (263); Weiss, DB 2020, 1531 (1535).
[135] Böing/Dokholian, GmbH-StB 2020, 229 (233).
[136] Schumann, EStB 2020, 261 (264).
[137] Nettersheim, EStB 2020, 323 (323).
[138] Jüttner, BC 2020, 412 (416).
[139] A.a.O.
[140] Korn, DStR 2020, 1345 (1346).

II Weitere Anpassungen in den Corona-Steuerhilfegesetzen

Neben den oben aufgeführten wesentlichen gesetzlichen Anpassungen im Steuerrecht, gab es im Ersten Corona-StHG noch weitere Entlastungen. Darunter fallen beispielsweise die Einführung einer verlängerten Übergangregelung zu § 2b UStG in § 27 Abs. 22 UStG, die die juristischen Personen des öffentlichen Rechts betreffen und die vorübergehende Verlängerung der steuerlichen Rückwirkungszeiträume in § 9 Satz 3 und § 20 Abs. 6 Satz 1 und 3 UmwStG von acht auf zwölf Monate.[141]

Im Zweiten Corona-StHG wurden zudem eine Reihe an Fristen temporär verlängert. So ergibt sich eine Verschiebung der Fälligkeit der Einfuhrumsatzsteuer auf den 26. des zweiten auf die Einfuhr folgenden Monats (§ 21 Abs. 3a i.V.m. § 27 Abs. 31 UStG). Die Verjährungsfristen in Fällen der Steuerhinterziehung wurden auf das Zweieinhalbfache der gesetzlichen Verjährungsfrist verlängert (§ 376 Abs. 3 AO). Auch die eigentlich im Jahr 2020 endende Reinvestitionsfristen nach § 7g EStG wurden um ein Jahr verlängert.[142] Letzteres wurde im JStG 2020 mitberücksichtigt bzw. neugestaltet.

III Änderungen des Gesetzgebers im Jahressteuergesetz 2020

Am 16.12.2020 wurde das JStG 2020 vom Bundestag verabschiedet.[143] Am 18.12.2020 hat der Bundesrat dem Gesetz zugestimmt. Auch das JStG 2020 sieht zahlreiche steuerliche Entlastungen vor, um die negativen wirtschaftlichen Folgen der Corona-Krise weiter abzufedern. Einige der bedeutsamsten Änderungen in Bezug auf die Corona-Krise werden im Folgenden dargestellt.[144]

1 Änderungen der Investitionsabzugsbeträge und Sonder- abschreibungen, § 7g EStG

Um durch die Corona-Krise bedingte Investitionsausfälle zu vermeiden, wurde mit Hilfe des Zweiten Corona-StHG die eigentlich im Jahr 2020 endende Frist für die Verwendung von Investitionsabzugsbeträgen nach § 7g EStG von einem Jahr auf vier Jahre verlängert. So sollen Steuerpflichtige die Möglichkeit bekommen, ihre Investitionen, die normalerweise für 2020 geplant waren, aber aufgrund der

---

[141] Böing/Dokholian, GmbH-StB 2020, 229 (231 ff.).
[142] Böing/Dokholian, GmbH-StB 2020, 229 (231 ff.).
[143] Jahressteuergesetz 2020 (JStG 2020) vom 21.12.2020, BGBl I 2020, 3096.
[144] Redaktion BC, BC 2021, 4 (4).

Corona-Krise nicht umsetzbar waren, auch noch im Jahr 2021 zu tätigen. Steuerliche Nachteile, wie z.B. die Rückgängigmachung oder Verzinsung einer Steuernachforderung sollen dabei nicht entstehen. Von dieser Regelung betroffen sind Investitionsabzugsbeträge, die in nach dem 31.12.2016 und vor dem 01.01.2018 endenden Wirtschaftsjahren beansprucht worden sind.[145]

Im Zuge des JStG 2020 hat der Gesetzgeber die Regelungen zum Investitionsabzugsbetrag nun insgesamt flexibler gestaltet. Zu den begünstigten Wirtschaftsgütern fallen künftig auch vermietete Wirtschaftsgüter (§ 7g Abs. 1 Satz 1 EStG) in den Anwendungsbereich. Das gilt unabhängig von der Vermietungsdauer des jeweiligen Wirtschaftsgutes. Das Wirtschaftsgut kann außerdem auch in einem anderen Betrieb des Steuerpflichtigen vermietet werden, ohne dass eine schädliche betriebsfremde Verwendung entsteht.[146]

Darüber hinaus werden die begünstigten Investitionskosten von 40 Prozent auf 50 Prozent der voraussichtlichen Anschaffungs- bzw. Herstellungskosten erhöht. Zusätzlich wurde eine einheitliche Gewinngrenze für alle Einkunftsarten i.H.v. 200.000 Euro als Voraussetzung für die Inanspruchnahme der Investitionsabzugsbeträge und der Sonder-abschreibungen eingeführt. Zuvor richtete man sich nach der Höhe des Betriebsvermögens oder dem Wirtschafts- bzw. Ersatzwirtschaftswert.[147]

Der § 7g Abs. 2 Satz 2 EStG soll eine nicht vorgesehene Verwendung verhindern. Demnach dürfe zum Zeitpunkt der Inanspruchnahme des Investitionsabzugsbetrages das entsprechende begünstigte Wirtschaftsgut noch nicht angeschafft bzw. hergestellt worden sein. So sind nachträglich beantragte Investitionsabzugsbeträge, die beispielsweise erst nach Ablauf der einmonatigen Einspruchsfrist der Steuerfestsetzung (§ 355 Abs. 1 Satz 1 AO), in Anspruch genommen werden unzulässig.[148]

Über § 52 Abs. 16 Satz 1 EStG ist geregelt, dass die erstmalige Anwendung der o.g. Änderungen erstmals für Investitionsabzugsbeträge und Sonderabschreibungen

---

[145] Redaktion BC, BC 2021, 4 (6).
[146] Merker, SteuerStud 1/2021, o.S.; https://www.bundesfinanzministerium.de/Content/DE/Gesetzestexte/Gesetze_Gesetzesvorhaben/Abteilungen/Abteilung_IV/19_Legislaturperiode/Gesetze_Verordnungen/2020-12-28-JStG-2020/0-Gesetz.html, zuletzt abgerufen am 14.01.2021.
[147] Merker, SteuerStud 1/2021, o.S.; Redaktion BC, BC 2021, 4 (6).
[148] Merker, SteuerStud 1/2021, o.S.

gelten, die nach dem 31.12.2019, bzw. bei vom Kalenderjahr abweichenden Wirtschaftsjahr nach dem 17.07.2020 endenden Wirtschaftsjahr, in Anspruch genommen wurden. Bei nachträglich beanspruchten Abzugsbeträgen gilt entsprechend der 31.12.2020.[149]

Einen sonstigen Punkt regelt die Änderung des § 7g Abs. 7 EStG. So können, entgegen eines BFH-Beschlusses vom 15.11.2017, Investitionsabzugs-beträge nur noch dem Vermögensbereich einer Personengesellschaft hinzugerechnet werden, in dem der jeweilige Abzug entstanden ist.[150]

2 Pauschale für Home-Office, § 4 Abs. 5 Satz 1 Nr. 6b Satz 4 EStG

Eine steuerliche Maßnahme, die im Vorfeld bereits von diversen sachverständigen Experten gefordert wurde, betrifft die Entlastung vieler Arbeitnehmer, die seit der Corona-Pandemie von Hause aus arbeiten. Da die steuerliche Anerkennung eines „echten" häuslichen Arbeitszimmers an strenge Voraussetzungen knüpft, die bei einem großen Teil der Arbeitnehmer nicht zum steuerlichen Abzug führen dürfte und die Finanzämter vermutlich mit der Prüfung überlastet wären, hatte man zumindest eine Übergangslösung vorgeschlagen.[151]

Mit dem JStG 2020 hat man daraufhin beschlossen, dass mit Einführung des § 4 Abs. 5 Satz 1 Nr. 6b Satz 4 EStG von den steuerpflichtigen Arbeitnehmern für die Jahre 2020 und 2021 jährlich eine Home-Office Pauschale von maximal 600 Euro geltend gemacht werden kann. Pro Kalendertag, maximal jedoch für 120 Tage im Jahr, an denen ein Arbeitnehmer ausschließlich von seiner häuslichen Wohnung aus arbeitet, kann ein Betrag i.H.v. 5 Euro abgezogen werden.[152]

Diese Pauschale kann in den Fällen in Anspruch genommen werden, in denen die Voraussetzungen eines steuerlich absetzbaren häuslichen Arbeitszimmers nach § 4 Abs. 5 Satz 1 Nr. 6b Satz 2 und 3 EStG nicht vorliegen oder wenn auf den Abzug

---

[149] Merker, SteuerStud 1/2021, o.S.
[150] A.a.O.
[151] https://www.bundestag.de/dokumente/textarchiv/2020/kw44-pa-finanzen-jahressteuer-796692, zuletzt abgerufen am 14.01.2021.
[152] https://www.bundestag.de/dokumente/textarchiv/2020/kw51-de-jahressteuergesetz-2020-812872, zuletzt abgerufen am 14.01.2021; Westhoff, MBP 2021, 006 (007); Redaktion BC, BC 2021, 4 (5).

der Aufwendungen für ein häusliches Arbeitszimmer z.B. aus Vereinfachungsgründen verzichtet wird.[153]

Eine zusätzliche Geltendmachung von Fahrtkosten ist vom Gesetzgeber für die entsprechenden Tage ausgeschlossen. Welche Nachweise vom Steuerpflichtigen vorgelegt werden müssen, um die Home-Office-Pauschale geltend zu machen, wurde von der Finanzverwaltung bisher (noch) nicht geäußert. Arbeitnehmern wird jedoch empfohlen, sich entsprechende Bestätigungen vom Arbeitgeber einzuholen.[154]

3 Verlängerte Zahlungsfrist für steuerbefreite Corona-Sonder- zahlungen, § 3 Nr. 11a EStG

Der mit dem Ersten Corona-StHG neu eingeführte § 3 Nr. 11a EStG erlaubt steuerbefreite Sonderzahlungen im Zusammenhang mit der Corona-Krise an den Arbeitnehmer bis zu einer Höhe von 1.500 Euro im Zeitraum vom 01.03.2020 bis zum 31.12.2020 (siehe S. 23 f.). Durch das JStG 2020 wurde diese Frist bis zum 30.06.2021 verlängert. Zu beachten ist jedoch, dass die 1.500 Euro nicht erneut im Jahr 2021 ausgezahlt werden dürfen.[155]

4 Verlängerung der steuerbefreiten Zuschüsse zum Kurzarbeiter- geld, § 3 Nr. 28a EStG

Auch die Regelung zu den steuerbefreiten Zuschüssen des Arbeitgebers zum Kurzarbeitergeld und zum Saison-Kurzarbeitergeld, die ebenfalls im Ersten Corona-StHG über den § 3 Nr. 28a EStG eingeführt wurde (siehe S. 24 f.), verlängert sich. Nach dem JStG 2020 können diese Zuschüsse nunmehr bis zum 31.12.2021 steuerfrei geleistet werden.[156]

---

[153] https://www.bundestag.de/dokumente/textarchiv/2020/kw51-de-jahressteuergesetz-2020-812872, zuletzt abgerufen am 14.01.2021; Westhoff, MBP 2021, 006 (007); Re-daktion BC, BC 2021, 4 (5).
[154] Trinks, SSP 2021, 014 (014).
[155] Merker, SteuerStud 1/2021, o.S.
[156] A.a.O.

D Bewertung der steuerlichen Maßnahmen

Eine Reihe der verfügbaren steuerpolitischen Instrumente wurden von der Finanzverwaltung und vom Steuergesetzgeber aufgegriffen und schnell umgesetzt. Die meisten dieser Maßnahmen sind sicherlich positiv zu bewerten und haben ohne Zweifel zumindest kurzfristig eine entlastende Wirkung auf den Steuerpflichtigen. Allerdings gibt es Maßnahmen darunter, die teilweise kritisch zu hinterfragen sind.

I Bewertung der Maßnahmen der Finanzverwaltung

Die liquiditätsschonenden Soforthilfen der Finanzverwaltung wurden umgehend angeordnet und umgesetzt. Sie wirken unmittelbar und können zu erheblichen vorläufigen Steuererleichterungen führen. Dieses schnelle Handeln sowie die Änderungs- bzw. Anpassungsfrequenz sind ohne Zweifel sehr zu begrüßen.[157]

Ein Vorteil der Finanzverwaltung gegenüber dem Gesetzgeber ist sicherlich, dass die Liquiditätshilfen kurzfristig umgesetzt werden können, da die Grundlage durch bereits vorhandene und unveränderte Normen gebildet wird. Es ist daher eine direkte Umsetzung ohne größeren bürokratischen Aufwand möglich, was gerade in dieser unerwarteten Krise von Nöten ist. Insgesamt nutzt die Finanzverwaltung ihren Ermessensspielraum aus und kommt dem Steuerpflichtigen so entgegen.

1 Unbürokratische und schnelle Unterstützung

Die Maßnahmen der Finanzverwaltung haben den Vorteil, dass die Liquiditätshilfen kurzfristig ohne größeren bürokratischen Aufwand umgesetzt werden können. Die Finanzverwaltung kann den steuerrechtlichen Handlungsspielraum nutzen und bereits vorhandene Instrumente in dieser Krisenzeit gezielt einsetzen, um betroffene Steuerpflichtige schnell zu entlasten.

Die steuerliche Entlastung, welche die Finanzverwaltung über die Verwaltungsanweisungen einführt, ist nicht allein in den Maßnahmen selbst anzusehen, sondern vor allem auch in der schnellen, unbürokratischen Abwicklung der Anträge. Dennoch ist zu beachten, dass die Gewährung der Unterstützungen

---

[157] Mick/Dyckmans/Klein, COVuR 2020, 235 (245).

selbstverständlich weiterhin an das Erfüllen der Anspruchsvoraussetzungen knüpft.[158]

Zwar sind hinsichtlich der Antragsform z.T. keine bestimmten Anforderungen vorgegeben, jedoch wird empfohlen die schriftliche Form zu wählen, um mögliche Risiken zu vermeiden.[159] Auslegungs- und Handlungsspielräume, u.a. durch unbestimmte Rechtsbegriffe und Unterschiede bei der Handhabung zwischen den einzelnen Bundesländern, bleiben zwar bestehen, jedoch werden mithilfe des FAQ-Katalogs vom BMF nach und nach die Unklarheiten beseitigt. Der FAQ-Katalog als Ergänzung zu den BMF-Schreiben ist daher ebenfalls sehr zu begrüßen.

2 Unterstützungsmaßnahmen werden angenommen

Die Steuerstundung und Herabsetzung der Vorauszahlung als eine der ersten verkündeten Maßnahmen der Finanzverwaltung, haben bereits kurze Zeit später zahlreiche Unternehmen in Anspruch genommen, sodass laut Bundes-Ministerium für Wirtschaft und Energie (BMWi) und BMF Beträge von 200 Millionen Euro für Stundungen und 65,5 Millionen Euro für abweichende Steuervorauszahlungen bewilligt wurden (Stand: 20.04.2020).[160] Laut Information des BMWi nutzte gemäß einer Umfrage bereits zu Beginn jedes dritte Unternehmen die Möglichkeit der Steuerstundung (Stand: 07.05.2020).[161]

Diese Auswertungen verdeutlichen, wie wichtig und angebracht die Maßnahmen in dieser Krisenzeit sind. Fraglich könnte nur sein, ob die Maßnahmen von den betroffenen Steuerpflichtigen auch als wirksam eingeschätzt werden. Das hängt gewiss auch von dem weiteren Verlauf der Corona-Pandemie und der damit verbundenen wirtschaftlichen Krise ab.

3 Risiken der kurzfristigen Liquiditätshilfen

Es sollte nicht vergessen werden, dass die Maßnahmen zur steuerlichen Entlastung zunächst nur kurzfristig die Liquidität der betroffenen Unternehmen verbessern können, da die Steuerzahlungen, jedenfalls bei der Steuerstundung, ja nicht

---

[158] *Nürnberg*, in: Beck'sches Steuer- und Bilanzrechtslexikon, Corona (COVID-19) – Steuerliche Hilfsmaßnahmen, Rn. 4.
[159] Bolik/Käshammer, DB 2020, 802 (803 f.).
[160] Böing/Groll, GmbH-StB 2020, 147.
[161] https://www.bmwi.de/Redaktion/DE/Pressemitteilungen/2020/20200507-deutsche-un-ternehmen-von-der-corona-krise-stark-betroffen-staatliche-hilfen-und-unterstuetzungs-massnahmen-kommen-an.html, zuletzt abgerufen am 14.01.2021.

„geschenkt" sind, sondern sich lediglich der Zahlungszeitpunkt verschiebt. Es droht daher auch die Gefahr, dass der betroffene Steuerpflichtige unmittelbar nach der Krise sämtliche gestundete Steuern auf einen Schlag zahlen muss. Um dies planbarer zu machen, ist noch auf Nachbesserung der Finanzverwaltung zu hoffen.[162]

Der liquiditätsschonende Steuervollzug der Finanzverwaltung könnte darüber hinaus mit einem unverzinslichen Kredit verglichen werden. Allerdings wirkt sich in Anbetracht des aktuell sehr niedrigen Zinsniveaus der steuerliche Zinseffekt nur minimal aus.[163]

Im Hinblick auf den Vollstreckungsaufschub sollten aber auch mögliche Reputationsschäden nicht unterschätzt werden. Denn die Einleitung von Vollstreckungsmaßnahmen könnte zur Verschlechterung von Kredit-konditionen bei Banken oder zu Konditionsänderungen bei Vertragspartnern führen.[164]

II Bewertung der Maßnahmen in den Corona-Steuerhilfegesetzen

Mit den beiden Corona-StHG hat man keine grundlegenden steuerpolitischen Änderungen eingebracht, sondern man hat sich konsequenterweise auf die unmittelbaren wirtschaftlichen Folgen der Corona-Pandemie konzentriert, um insbesondere entsprechende Liquiditätshilfen zu schaffen. Dies hat zum Vorteil, dass im weiteren Verlauf der Krise jederzeit eine punktuelle Nachsteuerung erfolgen kann. Es ist ebenfalls positiv zu bewerten, dass die im Verwaltungswege getroffenen Maßnahmen durch die gesetzlichen Regelungen auch an Rechtssicherheit gewinnen. Darüber hinaus sind auch das schnelle Handeln und das Umsetzen des Gesetzgebers zu begrüßen – es zeigt die Bereitschaft in Krisenzeiten zu unterstützen.[165]

Inwiefern die einzelnen Anpassungen in den Steuergesetzen wirklich sinnvoll und nützlich sind, ist eine andere Frage.

---

[162] Bolik/Gaus, DB 2020, 687 (689 f.).
[163] Wagner/Weber, DStR 2020, 745 (751).
[164] Bolik/Käshammer, DB 2020, 802 (804).
[165] Bergan/Horlemann, DStR 2020, 1401 (1407).

1 Zu begrüßende Änderungen

Ohne Zweifel sind die steuerbefreiten Zuschüsse des Arbeitgebers begrüßenswert. Insbesondere weil die freiwillige Aufstockung des Kurzarbeitergeldes dadurch gefördert wird. Gerade Arbeitnehmer, die von jetzt auf gleich zu 100 Prozent in die Kurzarbeit geschickt werden müssen, haben erhebliche Einbußen bei ihren Löhnen und Gehältern.[166]

Auch die neuen Regelungen zur Verlustbehandlung sind sehr willkommen und nehmen im Zweiten Corona-StHG einen bedeutenden Teil ein. Die Anpassungen führen zur kurzfristigen und schnellen Unterstützung der krisenbetroffenen Steuerpflichtigen. Wünschenswert wäre dennoch, dass die Wirkung nicht nur temporär beschränkt wäre, sondern vorausschauend auch auf zuvor noch ungelöste Fragen bei der Verlustverrechnung eingegangen werden würde.[167]

2 Kritisch zu betrachtende Änderungen

Sehr umstritten und kritisiert sind immer wieder die Maßnahmen zu der temporären Senkung der Umsatzsteuersätze. Denn fraglich ist, ob der erhoffte Effekt im angemessenen Verhältnis zu dem erheblichen bürokratischen Mehraufwand und den hohen Anpassungskosten steht. Zudem ist nicht klar, ob durch die gesenkten Umsatzsteuersätze tatsächlich eine Stimulierung der Nachfrage erreicht wird. Das genaue Ergebnis bleibt zunächst abzuwarten.[168]

Darüber hinaus ist das steuerliche Risiko bei der Falschbehandlung nicht zu unterschätzen. Unternehmen müssen genau prüfen, welche Art von Leistung vorliegt, welcher Zeitpunkt den Steuersatz bestimmt und welcher entsprechend für den Vorsteuerabzug zur Anwendung kommt. Diesbezüglich ist viel Aufmerksamkeit geboten.[169]

Zudem führt die Umstellung der Kassensysteme, die bei Restaurations-umsätzen ja gleich dreimal erfolgen muss, zu erheblichem Mehraufwand und folglich zu Mehrkosten bei der Anpassung.[170] Zwar möchte der Gesetzgeber gerade die

---

[166] Hess, DStR 2020, 1153 (1157).
[167] Weiss, DB 2020, 1531 (1535).
[168] Hess, DStR 2020, 1153 (1157).
[169] Scholz/Connemann, GmbHR 2020, R212 (R213).
[170] Scholz/Connemann, GmbHR 2020, R212 (R213).

Gastronomiebranche besonders unterstützen, jedoch ist strittig, ob er dies durch diese mit zusätzlichen Lasten verbundene Regelung bewirkt.[171]

Schließlich hat die Bundesregierung die zu erwartende bürokratische Kostenbelastung der Unternehmen weitaus geringer eingeschätzt, als es in der Praxis vermutlich tatsächlich der Fall ist. Laut eines wissenschaftlichen Gutachtens für die FDP-Bundesfraktion, das anhand von Experteninterviews und dem Standardkostenmodell (SKM) die Höhe der zu erwartenden Bürokratiekosten für Unternehmen ermittelt hat, wurden diese auf etwa das 9,5-fache geschätzt (Stand: 25. und 26.06.2020). Die befragten Unternehmen sahen das Problem z.T. in der kurzen Vorbereitungszeit, welche zugleich ein erhöhtes Fehlerpotenzial mit sich bringt.[172] Möglicherweise wäre der Entlastungseffekt höher gewesen, wenn die Einführung der angepassten Steuersätze erst ein bis zwei Monate später stattgefunden hätte.[173]

III Bewertung der Anpassungen im Jahressteuergesetz 2020

In Anbetracht der Tatsache, dass die Corona-Pandemie zum Jahreswechsel 2020/2021 noch immer wütet und erneute Beschränkungen und noch härtere Lockdowns aufgrund von immer weiter steigenden Infektionszahlen angeordnet sind, wird sehr stark deutlich, dass die negativen Auswirkungen auch auf die wirtschaftliche Lage noch mindestens im Laufe des Jahres 2021 zu spüren sein werden.

Wenn man die Verlängerungen, so wie beispielsweise zum Kurzarbeitergeld, betrachtet, so scheint dem Gesetzgeber die Bedrohung durchaus bewusst zu sein. Fraglich ist, ob dem Steuerpflichtigen damit auch langfristig eine Entlastung entsteht. Zu bedenken ist nämlich, dass das zunächst steuerfrei ausbezahlte Kurzarbeitergeld sowie die steuerfreien Zuschüsse des Arbeitgebers zum Kurzarbeitergeld dem Progressionsvorbehalt i.S.d. § 32b Abs. 1 Nr. 1 lit. a EStG unterliegen, sodass die Bezieher sich bereits bei der Einkommensteuerveranlagung für das Jahr 2020 auf Steuernachzahlungen einstellen müssen.[174]

---

[171] *Nieskens*, in: Rau/Dürrwächter, Kommentar zum UStG, § 12 UStG, Rn. 41.
[172] Eichenfelder, DB 2020, 1649 (1649 ff.).
[173] Erdbrügger, UR 2020, 485 (491).
[174] *Egner/Gries*, in: Kanzler/Kraft/Bäuml u.a., NWB Online-Kommentar zum EStG, § 32b EStG, Rn. 16 f., NWB CAAAH-35505.

Mit Blick auf die neu eingeführte Home-Office-Pauschale ist weiterhin fraglich, inwieweit diese eine tatsächlich spürbare Entlastung für den einzelnen Steuerpflichtigen mit sich bringt. In jedem Fall ist es zu begrüßen, dass nun auch Arbeitnehmer die Möglichkeit haben das Home-Office steuerlich geltend zu machen, die kein vom Finanzamt anerkanntes Arbeitszimmer besitzen. Dennoch ist zu beachten, dass die Home-Office-Pauschale zu den Werbungskosten hinzugerechnet wird, die ohnehin jedem Steuerzahler mit 1.000 Euro angerechnet werden können. Das bedeutet, dass nur diejenigen einen Vorteil von der Maßnahme haben, die mit ihren Ausgaben bei über 1.000 Euro liegen.[175]

IV Weitere erbetene Maßnahmen – Handlungsbedarf

Auch wenn die Finanzverwaltung und der Gesetzgeber der Krise mit einer Reihe an Hilfsmaßnahmen entgegenwirken, sind manche erbetenen Vor-schläge und unbeachteten Aspekte weiterhin unberücksichtigt geblieben. Damit deutsche Unternehmen erfolgreich durch die Corona-Krise kommen und zudem auch im internationalen Vergleich keine steuerlichen Nachteile haben, sind weitere steuerliche Maßnahmen erforderlich, bei denen Stärkung von Liquidität und Eigenkapital an oberster Stelle stehen.[176]

1 Weiterer Handlungsbedarf bei dem Verlustrücktrag

Obwohl die ergriffenen Maßnahmen zur Verlustbehandlung als willkommen und sinnvoll aufgenommen werden, gelten sie zugleich als unzureichend. Da diesbezüglich schon seit einigen Jahren, also unabhängig von der aktuellen Corona-Krise, ein notwendiger Handlungsbedarf gesehen wurde, zeigt sich Verwunderung darüber, dass die Corona-Krise nicht als Anstoß genutzt wird, um langfristige Verbesserung mithilfe einer Reform der Verlustverrechnung zu schaffen. Die Ausweitungen des Verlustrücktrags durch das Zweite Corona-StHG werden demzufolge generell als eher notdürftig eingestuft. So wurde der Verlustrücktragszeitraum weiterhin nur auf ein Jahr begrenzt sowie der Verlustrücktragsbetrag auf lediglich 5 Millionen Euro bzw. 1 Millionen Euro hochgesetzt. Zudem gelten diese Anpassungen auch nur temporär. In Anbetracht

---

[175] Redaktion beck-aktuell, becklink 2018388; Trinks, SSP 2021, 014 (014).
[176] Redaktion beck-aktuell, becklink 2017901.

der andauernden Corona-Pandemie und im Hinblick auf die Zeit nach der Krise, wären bereits heute weitere steuerpolitische Überlegungen erforderlich.[177]

Darüber hinaus kommt die Ausweitung des Verlustrücktrags in dieser Form nicht den Unternehmen zugute, deren Gewinne aus dem Vorjahr unter der Rücktragsgrenze von 1 Millionen Euro liegen. Daher können kleinere, sowie jüngere Unternehmen und insbesondere Start-ups, die noch keine Gewinne erwirtschaftet haben, von dieser Maßnahme nicht profitieren.[178]

Vorgeschlagen wird beispielsweise eine Ausweitung des Verlustrücktrags mit der Möglichkeit der für das Jahr 2019 geleisteten Vorauszahlungen. Darüber hinaus könnte ein Konzept einer negativen Gewinnsteuer den betroffenen Unternehmen helfen, die in der Vergangenheit keine Gewinne erwirtschaftet haben. Wohingegen sich der Verlustrücktrag nur auf Unternehmen auswirkt, die aufgrund von zuvor erwirtschafteten Gewinnen Steuern gezahlt haben. Vom Institut der Wirtschaftsprüfer gibt es außerdem den Vorschlag der „Einführung einer bereits im Jahr 2019 bildbaren steuerfreien Corona-Rücklage". Ziel soll es sein, in der Krise die Verluste vom Jahr 2020 so umfassend wie möglich und so schnell wie möglich gegen Steuererstattungen nutzbar zu machen, um so eine sofort liquiditätswirksame Verlust-berücksichtigung zu erreichen.[179]

2 Internationale Aspekte

In Bezug auf einen möglichen weiteren Handlungsbedarf stellen sich außerdem Fragen im internationalen Kontext. Einige davon werden im folgenden Kapitel kurz zusammengefasst.

a Steuerliche Maßnahmen im internationalen Vergleich

Gerade um die internationale Wettbewerbsfähigkeit deutscher Unternehmen zu erhalten und diese in der Corona-Krise zu stärken, kann sich auch ein Blick auf die steuerlichen Hilfsmaßnahmen der ausländischen Staaten lohnen.[180] Denn im Vergleich zu anderen Staaten liegt das Besteuerungsniveau in Deutschland über

---

[177] Weiss, DB 2020, 1531 (1535 f.); Hey, DStR 2020, 2041 (2043).
[178] Spengel/Bührle/Fischer, DB 2020, 2484 (2485 ff.).
[179] Hey, DStR 2020, 2041 (2043).
[180] https://taxfoundation.org/coronavirus-country-by-country-responses/#tracking, zuletzt abgerufen am 14.01.2021.

dem Durchschnitt. Daher wäre ein effektives Besteuerungsniveau von unter 25 Prozent erforderlich, um im internationalen Wettbewerb erfolgreich zu bleiben.[181]

In Australien und in Norwegen wurden beispielsweise erhöhte Abschreibungssätze für Wirtschaftsgüter, die seit Beginn der Corona-Pandemie angeschafft wurden, eingeführt. Auch im Hinblick auf die Verlustbehandlung und deren Ausweitung zeigt sich, dass für Deutschland noch Entwicklungspotenzial besteht.[182] Beispielsweise bieten die Niederlande die Möglichkeit der Bildung von „Corona-Rückstellungen" für das Jahr 2019, die durch Verluste im Jahr 2020 begründet werden. Die USA bieten sogar die Möglichkeit eines Verlustrücktrags aus den Jahren 2018, 2019 und 2020 an.[183]

Überwiegend haben die Staaten die unterstützenden Maßnahmen über die Finanzverwaltung angeordnet.[184] In Tschechien dagegen wurden aber auch einige Maßnahmen im Gesetz verankert und manche davon sogar mit dauerhafter Gültigkeit. So soll es in Tschechien über den sogenannten „carry loss back" möglich sein, einen Steuerverlust zusätzlich zu den in den nachfolgenden fünf Besteuerungszeiträumen auch noch in den zwei unmittelbar vorausgegangen Besteuerungszeiträumen rückwirkend geltend zu machen.[185]

b Empfehlungen der OECD

Einheitliche steuerrechtliche Anpassungen wären zumindest im Hinblick auf die internationalen Steuerabkommensregeln geboten, um u.a. Betriebsstättenbegründungen in anderen Ländern zu vermeiden. Die internationale Organisation für wirtschaftliche Zusammenarbeit und Entwicklung (OECD) hat deshalb die Steuerverwaltungen dazu aufgefordert, Leitlinien zur Anwendung von internationalen Steuerabkommen unter Berücksichtigung der Corona-Krise zu veröffentlichen.[186]

Nach Auffassung der OECD dürfte eine Betriebsstätte aufgrund von Home-Office eines Angestellten nicht anzunehmen sein, weil die Voraussetzung der Dauerhaftigkeit und die Verfügungsbefugnis des Unternehmens in der

---

[181] Dworaczek/Bolik/Schönberg, DB 2020, 2030 (2033).
[182] Wünnemann, DB 20/2020, M4-M5.
[183] Mick/Dyckmans/Klein, COVuR 2020, 235 (244).
[184] Mick/Dyckmans/Klein, COVuR 2020, 235 (244).
[185] Antoš, IStR-LB 2020, 58 (58 f.).
[186] https://www.oecd.org/coronavirus/policy-responses/oecd-secretariat-analysis-of-tax-treaties-and-the-impact-of-the-covid-19-crisis-947dcb01/, zuletzt abgerufen am 14.01.2021.

coronabedingten Situation nicht zutreffen. Ähnlich sieht es auch bei der Verlagerung des Ortes der Geschäftsführung aus. Eine ansässigkeitsbegründende Geschäftsführung ist aufgrund der zeitlichen Begrenzung der Tätigkeit und der „Tie-Breaker-Regel" nicht anzunehmen.[187] Um der aufgrund von zeitlichen Unterbrechungen auf ausländischen Bau- und Montagestätten der Begründung von Betriebsstätten nach § 12 AO und DBA entgegenzuwirken, sollen außerdem Unterbrechungszeiten für die Berechnung der Fristen nicht mitgezählt und so gehemmt werden.[188]

---

[187] Mick/Dyckmans/Klein, COVuR 2020, 235 (244 f.).
[188] Inioutis/Hörtnagl/Lüdemann/Rinke, BC 2020, 250 (251).

E Fazit

Steuerpolitische Maßnahmen sind in Krisenzeiten nach wie vor ein beliebtes Instrument, um die wirtschaftlichen Folgen abzufedern.[189] Wie bereits einleitend in der wirtschaftlichen Entwicklung dargestellt, gab es zwischenzeitlich bereits eine Verbesserung der wirtschaftlichen Lage. Das zeigt, dass die Maßnahmen der Politik vermutlich greifen und darunter auch die steuerpolitischen Konzepte. Das schnelle Handeln gleich zu Beginn der Pandemie ist äußerst bemerkenswert sowie auch die damit verbundenen hohen Ausgaben des Staatshaushaltes.

I Zusammenfassung

Die Finanzverwaltung und der Gesetzgeber haben innerhalb kürzester Zeit reagiert und allerhand steuerlicher Maßnahmen eingeleitet, um die durch die Corona-Pandemie verursachte wirtschaftliche Belastung der betroffenen Akteure abzufedern. Im Großen und Ganzen sind die getroffenen Maßnahmen sehr zu begrüßen, insbesondere weil sie schnell umgesetzt wurden und sich fortlaufend der dynamischen wirtschaftlichen Entwicklung anpassen.

Bedauerlicherweise ist die Inanspruchnahme der steuerlichen Erleichterungen teilweise auch mit Risiken verbunden. Zudem wurden noch nicht für alle steuerlichen Belastungen Entlastungsmöglichkeiten geschaffen. Es besteht daher an einigen Stellen immer noch akuter Handlungsbedarf. Auch wurden im JStG 2020, trotz der verspäteten Verabschiedung, reichlich Vorschläge leider nicht berücksichtigt. Auffällig ist, dass insbesondere die Maßnahmen zur steuerlichen Verlustbehandlung zu Kritik und Unzufriedenheit führen.

II Persönliche Stellungnahme

Es ist erfreulich und beeindruckend, mit welcher Geschwindigkeit und Flexibilität die Steuerpolitik Konzepte zur steuerlichen Entlastung in der Corona-Krise schafft. Die zahlreichen Maßnahmen und das zügige Tätigwerden zeigen ein hohes Maß der Initiative. So wird zugleich deutlich, wie wichtig bzw. dringend die Eingriffe durch die Finanzverwaltung und den Gesetzgeber sind, um die wirtschaftlichen Schäden in dieser Krise weitestgehend zu verhindern.

---

[189] Bachmann/Ertl/Gebhardt/Seifert, DStR 2020, 1168 (1171).

Leider scheint es dennoch an einigen Stellen jedoch so, als hätte man in der Eile nicht vorausschauend genug gedacht und notwendige Gesichtspunkte außer Acht gelassen. Die befristeten Maßnahmen, in erster Linie die Senkung der Steuersätze, hätten auf einen längeren Zeitraum ausgedehnt werden sollen. Denn mit der aktuellen Befristung entsteht sowohl für die betroffenen Unternehmen als auch für Steuerberater und Finanzämter ein erheblicher Mehraufwand, der bei vielen Unternehmen in keinem angemessenen Verhältnis zum Nutzen steht. Im Zuge des JStG 2020 hätte der Gesetzgeber den Zeitraum der Mehrwertsteuersenkung verlängern können. Gerade wenn man bedenkt, dass sich Deutschland zum Zeitpunkt der Verabschiedung des Gesetzes inmitten der Weihnachtszeit in einem harten Lockdown befand und viele Unternehmen in dieser Zeit für gewöhnlich besonders hohe Umsätze generieren, ist es fraglich, ob sich in diesem relativ kurzen Zeitraum überhaupt ein Nutzen bemerkbar macht.

Ein scheinbar nebensächliches Thema ist die Digitalisierung, die gerade mit der Corona-Pandemie einen noch höheren Stellenwert bekommt. Nahezu alle betroffenen Wirtschaftsteilnehmer, Einrichtungen, Behörden etc., sowie einzelne Bürger sind aufgrund der anhaltenden Corona-Krise gezwungen digitale Lösungen für viele Tätigkeiten und Prozesse zu finden. Steuergesetzgeber und -verwaltung könnte die Corona-Krise daher auch eine Chance bieten, sich mit Blick auf die Digitalisierung weiterzuentwickeln und die digitale Arbeitswelt, die unabhängig von der Corona-Pandemie ohnehin weiterwächst, dauerhaft in den Gesetzen zu berücksichtigen und zu festigen.

III Ausblick und Prognose

Mit hoher Wahrscheinlichkeit wird die Corona-Krise in der Bundesrepublik noch eine ganze Weile andauern. Selbst wenn die Pandemie hoffentlich bald ein Ende findet, wird die Wirtschaft noch längere Zeit mit den Folgen zu kämpfen haben. Auch aus steuerlicher Sicht werden Steuerpflichtige, Finanzverwaltung und Gesetzgeber noch lange damit beschäftigt bleiben.

Von erheblicher Bedeutung wird dabei insbesondere die Wiederbelebung der Wirtschaft sein. Es stellt sich die Frage, ob bzw. wann die Finanzierung der Corona-Krise zu einer Erhöhung der Steuerabgaben führen wird, um die derzeitigen hohen staatlichen Aufwendungen zu decken. Offiziell wurden nämlich noch keine direkten Abgabe- und Steuererhöhungen zur Finanzierung der Corona-Krise geplant.[190]

In Anbetracht der Tatsache, dass sich Deutschland aktuell (Stand: Januar 2021) erneut in einem Lockdown befindet und die Corona-Infektionszahlen trotz vorheriger zahlreicher Maßnahmen weiterhin steigen, ist davon auszugehen, dass die negativen wirtschaftlichen Auswirkungen gravierender ausfallen werden, als zu Beginn kalkuliert. Weitere Lockdowns können nicht ausgeschlossen werden, sodass die aktuellen Hilfsmaßnahmen verlängert, ergänzt und angepasst werden müssen. Ob die steuerrechtlichen Maßnahmen auf lange Sicht die gewünschte Wirkung erzielen, bleibt zu beobachten. Auch, ob der Impfstoff die erhoffte Rettung bringt, bleibt noch abzuwarten.

Niemand kann zu diesem Zeitpunkt mit Sicherheit vorhersagen, wann die Corona-Pandemie ein Ende findet. Die wirtschaftliche Lage und die darauf reagierenden Entscheidungen der Bundesregierung entwickeln sich auch fast ein ganzes Jahr später weiterhin rasant. Trotz der zahlreichen Maßnahmen besteht immer noch Handlungsbedarf. Daher sind die weiteren Entwicklungen im Steuerrecht mit Spannung zu erwarten.[191]

Auch nach dieser Zeit muss mit weiteren Pandemien gerechnet werden, die zu ähnlichen oder weitaus schwereren wirtschaftlichen Krisensituationen führen könnten. Da die Corona-Krise als noch nie dagewesene Krise ein besonderes historisches Ereignis darstellt, sind auch die entsprechenden ergriffenen steuerlichen Maßnahmen von großer Bedeutung, um in zukünftigen ähnlichen Krisen aus diesen Erfahrungen profitieren zu können und entsprechende Maßnahmen zielgerichtet, effizient und rechtzeitig einzusetzen.

---

[190] *Nürnberg*, in: Beck'sches Steuer- und Bilanzrechtslexikon, Corona (COVID-19) – Steuerliche Hilfsmaßnahmen, Rn. 77 f.
[191] Böing/Groll, GmbH-StB 2020, 147 (147).

Literaturverzeichnis

Antoš, Ondřej: Tschechien: Wichtige Änderungen im Steuerrecht wegen der „Corona-Krise", in: IStR-LB 2020, 58-60.

Zitiert als: Antoš, IStR-LB 2020, 58 (Seite).

Arndt, Tobias: Arbeitnehmer: „Corona-Prämien" bis 1.500 EUR steuer- und beitragsfrei – Finanzverwaltung klärt Details!, in: GStB 2020, 216-219.

Zitiert als: Arndt, GStB 2020, 216 (Seite).

Bachmann, Carmen / Ertl, Julia / Gebhardt, Johannes / Seifert, Christopher: Steuerliche Hilfsmaßnahmen in Folge der Corona-Pandemie – Analyse der Umsatzsteuerermäßigung für die Gastronomie, in: DStR 2020, 1168-1171.

Zitiert als: Bachmann/Ertl/Gebhardt/Seifert, DStR 2020, 1168 (Seite).

Bartosch, Andreas / Berghofer, Michael: Die Covid-19-Beihilfemaßnahmen in Deutschland, in: EuZW 2020, 453-461.

Zitiert als: Bartosch/Berghofer, EuZW 2020, 453 (Seite).

Literaturverzeichnis

Beck'sches Steuer- und Bilanzrechtslexikon	hrsg. von Alber/Arendt/Faber u.a., Edition 53 2020, Stand: 01.11.2020, München 2020.
	Zitiert als: Verfasser, in: Beck'sches Steuer- und Bilanzrechtslexikon, Kapitel, Randnummer.
Bergan, Maik / Horlemann, Heinz-Gerd:	Corona-Pandemie und Verlustabzug – Diskussionsbeitrag und systematische Analyse des bislang geltenden Rechts und seiner Änderungen, in: DStR 2020, 1401-1407.
	Zitiert als: Bergan/Horlemann, DStR 2020, 1401 (Seite).
Böing, Christian / Dokholian, Edgar:	Steuerliche Erleichterungen im Doppelpack: Die Corona-Steuerhilfegesetze – Ein Überblick, in: GmbH-StB 2020, 229-234.
	Zitiert als: Böing/Dokholian, GmbH-StB 2020, 229 (Seite).
Böing, Christian / Groll, Patrick:	COVID-19: Steuerliche Sofortmaßnahmen für Mittelstandsunternehmen – Ein Update mit Handlungsempfehlungen, in: GmbH-StB 2020, 147-153.
	Zitiert als: Böing/Groll, GmbH-StB 2020, 147 (Seite).

Bolik, Andreas S. / Gauß, Hermann:	Liquiditätsschonender Covid-19 - Steuervollzug – Teil I: Steuerstundungen, in: DB 2020, 687-690.
	Zitiert als: Bolik/Gauß, DB 2020, 687 (Seite).
Bolik, Andreas S. / Gütschow, René:	Liquiditätsschonender COVID-19-Steuervollzug – Teil III: Herabsetzung von Vorauszahlungen, in: DB 2020, 910-913.
	Zitiert als: Bolik/Gütschow, DB 2020, 910 (Seite).
Bolik, Andreas S. / Käshammer, Daniel:	Liquiditätsschonender Covid-19 - Steuervollzug – Teil II: Vollstreckungsaufschub, in: DB 2020, 802-805.
	Zitiert als: Bolik/Käshammer, DB 2020, 802 (Seite).
Dorn, Katrin:	„Zweites Corona-Steuerhilfegesetz" umgesetzt: Überblick zu den Kernpunkten, in: DB 29/2020, 1476-1478.
	Zitiert als: Dorn, DB 2020, 1476 (Seite).
Dworaczek, Michael / Bolik, Andreas / Schönberg, Nico:	Modernisierung oder Wumms im Steuerrecht? – Ergebnisse einer Zielgruppenbefragung zur Einschätzung der Wirksamkeit der steuerlichen Maßnahmen zur Bekämpfung der Folgen der Corona-Krise, in: DB 2020, 2030-2033.

	Zitiert als: Dworaczek/Bolik/Schönberg, DB 2020, 2030 (Seite).
Eichfelder, Sebastian:	Betriebliche Bürokratiekosten der befristeten Mehrwertsteuersenkung des Corona-Konjunkturpakets, in DB 32/2020, 1649-1652.
	Zitiert als: Eichfelder, DB 2020, 1649 (Seite).
Eichholz, Meik:	Gesetz zur Umsetzung steuerlicher Hilfsmaßnahmen zur Bewältigung der Corona-Krise (Corona -Steuerhilfegesetz) – Überblick und erste Einschätzung, in: StuB 2020, 489.
	Zitiert als: Eichholz, StuB 2020, 489.
Eilers, Stephan / Walter-Yadegardjam, Tanja:	Die wirtschaftlichen Folgen der COVID-19 Pandemie: Eine Bewährungsprobe für das deutsche Sanierungssteuerrecht, in: FR 2020, 481-485.
	Zitiert als: Eilers/Walter-Yadegardjam, FR 2020, 481 (Seite).
Erdbrügger, Andreas:	Die temporäre Senkung der Umsatzsteuersätze – Fluch oder Segen?, in: UR 2020, 485-491.
	Zitiert als: Erdbrügger, UR 2020, 485 (Seite).

Gummels, Marvin:	Sonderzahlungen: Steuerfreie Corona-Prämie statt steuerpflichtiger Zahlungen wie Weihnachtsgeld, in: LGP 2020, 155-158.
	Zitiert als: Gummels, LGP 2020, 155 (Seite).
Hess, Daniela:	Das Gesetz zur Umsetzung steuerlicher Hilfsmaßnahmen zur Bewältigung der Corona-Krise (Corona-Steuerhilfegesetz) im Überblick, in: DStR 2020 1153-1158.
	Zitiert als: Hess, DStR 2020, 1153 (Seite).
Hey, Johanna:	Verlustrücktrag und Pandemie: Systematische Einordnung und weiterer Handlungsbedarf, in: DStR 2020, 2041-2051.
	Zitiert als: Hey, DStR 2020, 2041 (Seite).
Hillmer, Hans-Jürgen:	Gastronomie: Steuersatzsenkung für Speisen als Herausforderung für
	Buchführungsexperten – Corona-Steuerhilfegesetz, Koalitionsbeschluss vom 6.5.2020,
	in: BC 2020, 252-253.
	Zitiert als: Hillmer, BC 2020, 252 (Seite).

Inioutis, Sandra / Hörtnagl, Robert / Lüdemann, Lars / Rinke, Philipp:	Steuerliche Erleichterungen für Unternehmen in der Corona-Krise, in: BC 2020, 151-153.
	Zitiert als: Inioutis/Hörtnagl/Lüdemann/Rinke, BC 2020, 151 (Seite).
dies.:	Steuerliche Erleichterungen für Unternehmen in der Corona-Krise – FAQ-Katalog vom 24.4.2020, in: BC 2020, 250-252.
	Zitiert als: Inioutis/Hörtnagl/Lüdemann/Rinke, BC 2020, 250 (Seite).
IWW Institut für Wissen in der Wirtschaft GmbH, o.V.:	Zweites Corona-Steuerhilfegesetz: Pauschalierter Verlustrücktrag: BMF konkretisiert Steuerspielregeln, in: AStW 2020, 576-579.
	Zitiert als: IWW Institut für Wissen in der Wirtschaft GmbH, o.V., AStW 2020, 576 (Seite).
IWW Institut für Wissen in der Wirtschaft GmbH, o.V.:	Endspurt 2020: Steuerstrategien und Überlegungen bis zum Jahreswechsel, in: AStW 2020, 901-904.
	Zitiert als: IWW Institut für Wissen in der Wirtschaft GmbH, o.V., AStW 2020, 901-904 (Seite).
Jarass, Lorenz J.:	Wann drohen Steuernachzahlungen wegen Kurzarbeit?, in: BB 2020, 1374-1382.
	Zitiert als: Jarass, BB 2020, 1374 (Seite).

Jüttner, Uwe: Die Wiedergeburt der degressiven Absetzung für Abnutzung – Teil 1: Bisherige und neue Abschreibungsregelungen, in: BC 2020, 412-417.

Zitiert als: Jüttner, BC 2020, 412 (Seite).

Korn, Christian: Das Zweite Corona-Steuerhilfegesetz im Überblick, in: DStR 2020, 1345-1350.

Zitiert als: Korn, DStR 2020, 1345 (Seite).

Liebgott, Wendelin: Das Corona-Steuerhilfegesetz – Umsatzsteuerrechtliche Aspekte, in: UR 2020, 405-407.

Zitiert als: Liebgott, UR 2020, 405 (Seite).

Merker, Christian: Jahressteuergesetz 2020 – Wichtige Änderungen des Gesetzgebers im Überblick, in: SteuerStud 1/2021. o.S.

Zitiert als: Merker, SteuerStud 1/2021, o.S.

Mick, Marcus / Dyckmans, Jan / Klein, Christoph: Ertragsteuerliche Maßnahmen zur Bekämpfung der Corona-Pandemie, in: COVuR 2020, 235-245.

Zitiert als: Mick/Dyckmans/Klein, COVuR 2020, 235 (Seite)..

Nettersheim, Achim:	Corona-Steuerhilfegesetz: Degressive AfA wieder möglich, in: EStG 2020, 323.
Zitiert als: Nettersheim, EStG 2020, 323.
NWB Online-Kommentar	zum EStG, hrsg. von Kanzler/Kraft/Bäuml u.a., 5. Auflage, Herne 2020.
Zitiert als: Bearbeiter, in: Kanzler/Kraft/Bäuml u.a., NWB Online-Kommentar zum EStG, Norm, Randnummer.
Oldiges, Matthias:	Ermäßigter Steuersatz für die Gastronomie – Auswirkungen auf die Praxis, in: DB 2020, 1140-1143.
Zitiert als: Oldiges, DB 2020, 1140 (Seite).
Rau / Dürrwächter, Kommentar	zum UStG, hrsg. von Rau/Dürrwächter, 188. Lieferung 07.2020, Köln 2020.
Zitiert als: Bearbeiter, in: Rau/Dürrwächter, Kommentar zum UStG, Norm, Randnummer.
Redaktion BC:	Jahressteuergesetz 2020 verabschiedet – Gesetzesbeschluss des Deutschen Bundestags vom 16.12.2020 (BT-Drs. 19/25160), Zustimmung des Deutschen Bundesrats am 18.12.2020 (BR-Drs. 746/20), in: BC 2020, 4-13.

Zitiert als: Redaktion BC, BC 2021, 4 (Seite).

Roser, Frank / Hausner, Alexander / Ketel, Marika:	Corona-Krise: Rechtlicher Handlungsrahmen für steuer- und arbeitsrechtliche Maßnahmen – Voraussetzungen und erste praktische Erfahrungen, in: EStB 2020, 132-142. Zitiert als: Roser/Hausner/Ketel, EStB 2020, 132 (Seite).
Schäfer, Michael / Treiber, Andreas:	Absenkung des Umsatzsteuersatzes – Anmerkungen zur praktischen Umsetzung, in: BB 2020, 1623-1630. Zitiert als: Schäfer/Treiber, BB 2020, 1623 (Seite).
Scholz, Jürgen / Connemann, Michael:	Akuter Handlungsbedarf durch Mehrwertsteuersatzreduzierung vom 1.7.2020 - 31.12.2020 durch Zweites Corona-Steuerhilfegesetz, in: GmbHR 2020, R212-R214. Zitiert als: Scholz/Connemann, GmbHR 2020, R212 (Seite).
Schumann, Jan Chr.:	Auswirkungen der Corona-Pandemie – Ein erster Überblick – Rechnungslegung, steuerliche Maßnahmen und Handlungsmöglichkeiten, in: GmbH-StB 2020, 108-112. Zitiert als: Schumann, GmbH-StB 2020, 108 (Seite).

Schumann, Jan Chr.:	Zweites Corona-Steuerhilfegesetz – Weitere steuerliche Hilfsmaßnahmen zur Bewältigung der Corona-Krise, in: EStB 2020, 261-265. Zitiert als: Schumann, EStB 2020, 261 (Seite).
Spengel, Christoph / Bührle, Anna T. / Fischer, Leonie:	Steuerpolitische Optionen in der Corona-Krise – Qualitative und quantitative Analyse bereits ergriffener und potenzieller weiterer Maßnahmen, in: DB 2020, 2484-2490. Zitiert als: Spengel/Bührle/Fischer, DB 2020, 2484 (Seite).
Stotax 360° eKommentar	zum UStG, hrsg. von Fritsch/Huschens/Koisiak, Fassung vom 30.06.2020, Bonn 2020. Zitiert als: Bearbeiter, in: Fritsch/Huschens/Koisiak, Stotax 360° eKommentar zum UStG, Norm, Randnummer.
Stotax 360° eKommentar	zum EStG, hrsg. von Fuhrmann/Kraeusel/Schiffers, Fassung vom 01.07.2020, Bonn 2020. Zitiert als: Bearbeiter, in: Fuhrmann/Kraeusel/Schiffers, Stotax 360° eKommentar zum EStG, Norm, Randnummer.

Trinks, Matthias:	Betriebsausgaben/Werbungskosten: Die neue Home-Office-Pauschale: Anforderungen, Nutzen und Nachweise, in: SSP 2021, 014-015. Zitiert als: SSP 2021, 014 (Seite).
Wagner, Johann / Farinato, Enrico:	COVID-19 und Steuerrecht – Die wichtigsten Entwicklungen für Unternehmen, in: COVuR 2020, 286-291. Zitiert als: Wagner/Farinato, COVuR 2020, 286 (Seite).
Wagner, Franz W. / Weber, Stefan:	Steuerrechtliche Behandlung und wirtschaftliche Vorteilhaftigkeit von Maßnahmen im Rahmen der Corona-Pandemie, in: DStR 2020, 745-752. Zitiert als: Wagner/Weber, DStR 2020, 745 (Seite).
Weiss, Martin:	Steuerliche Verlustbehandlung nach dem Zweiten Corona-Steuerhilfegesetz, in DB 2020, 1531-1536. Zitiert als: Weiss, DB 2020, 1531 1532 (Seite).

Westhoff, Christian:	Gesetzgebung: Ertragsteuerliche Neuregelungen durch das JStG 2020 im Überblick, in: MBP 2021, 006-008.
	Zitiert als: Westhoff, MBP 2021, 006 (Seite).
Wünnemann, Monika:	Corona-Verluste vollständig steuerlich anerkennen, in: DB 20/2020, M4-M5.
	Zitiert als: Wünnemann, DB 20/2020, M4-M5.

Rechtsprechungsverzeichnis

BFH, Beschluss vom 27.09.1976, VIII B 69/75, BeckRS 1976, 22003693.

BFH, Beschluss vom 09.07.2020, VII S 23/20, DStR 2020, 1734.

BFH, Beschluss vom 30.07.2020, VII B 73/20 (AdV), NJW 2020, 3196.

AG Zeitz, Beschluss vom 10.08.2020, 5 M 837/19, BeckRS 2020, 18848.

FG Berlin-Brandenburg, Beschluss vom 20.11.2020, 10 V 10146/20, BeckRS 2020, 33901.

Quellenverzeichnis

Verwaltungsanweisungen

BMF, Schreiben vom 19.03.2020, IV A 3 - S 0336/19/10007 :002, BStBl I 2020, 262.

BMF, Schreiben vom 09.04.2020, IV C 5 - S 2342/20/10009 :001, BStBl I 2020, 503.

BMF, Schreiben vom 24.04.2020, IV C 8 - S 2225/20/10003 :010, BStBl I 2020, 496.

BMF, Schreiben vom 26.05.2020, IV C 4 - S 0174/19/10002 :008, BStBl I 2020, 543.

BMF, Schreiben vom 30.06.2020, III C 2 - S 7030/20/10009 :004, BStBl I 2020, 584.

BMF, Schreiben vom 04.11.2020, III C 2 - S 7030/20/10009 :016, BStBl I 2020, 1129.

BMF, Schreiben vom 22.12.2020, IV A 3 - S 0336/20/10001, DStR 2021, 42.

Internetquellen

BMF, FAQ „Corona" (Steuern), https://www.bundesfinanzministerium.de/Content/DE/Standardartikel/Themen/Steuern/2020-04-01-FAQ_Corona_Steuern.html, zuletzt abgerufen am 14.01.2021.

BMF, Gesetz zur Umsetzung steuerlicher Hilfsmaßnahmen zur Bewältigung der Corona-Krise (Corona-Steuerhilfegesetz), https://www.bundesfinanzministerium.de/Content/DE/Gesetzestexte/Gesetze_Gesetzesvorhaben/Abteilungen/Abteilung_IV/19_Legislaturperiode/Gesetze_Verordnungen/2020-04-29-Corona-Steuerhilfegesetz/0-Gesetz.html, zuletzt abgerufen am 14.01.2021.

BMF, Jahressteuergesetz 2020, https://www.bundesfinanzministerium.de/Content/DE/Gesetzestexte/Gesetze_Gesetzesvorhaben/Abteilungen/Abteilung_IV/19_Legislaturperiode/Gesetze_Verordnungen/2020-12-28-JStG-2020/0-Gesetz.html, zuletzt abgerufen am 14.01.2021.

BMF, Kampf gegen Corona: Größtes Hilfspaket in der Geschichte Deutschlands, https://www.bundesfinanzministerium.de/Content/DE/Standardartikel/Themen/Schlaglichter/Corona-Schutzschild/2020-03-13-Milliarden-Schutzschild-fuer-Deutschland.html, zuletzt abgerufen am 14.01.2021.

BMWi, Deutsche Unternehmen von der Corona-Krise stark betroffen. Staatliche Hilfen und Unterstützungsmaßnahmen kommen an – Ergebnisse einer Unternehmensbefragung im Auftrag des BMWi, https://www.bmwi.de/Redaktion/DE/Pressemitteilungen/2020/20200507-deutsche-unternehmen-von-der-corona-krise-stark-betroffen-staatliche-hilfen-und-unterstuetzungsmassnahmen-kommen-an.html, zuletzt abgerufen am 14.01.2021.

BMWi, Die wirtschaftliche Lage in Deutschland im Dezember 2020, https://www.bmwi.de/Redaktion/DE/Pressemitteilungen/Wirtschaftliche-Lage/2020/20201214-die-wirtschaftliche-lage-in-deutschland-im-dezember-2020.html, zuletzt abgerufen am 14.01.2021.

BMWi, Herbstprojektion 2020, https://www.bmwi.de/Redaktion/DE/Artikel/Wirtschaft/Projektionen-der-Bundesregierung/projektionen-der-bundesregierung-herbst-2020.html, zuletzt abgerufen am 14.01.2021.

BMWi, Interimsprojektion der Bundesregierung: Deutliche Erholung nach historischem Einbruch, https://www.bmwi.de/Redaktion/DE/Pressemitteilungen/2020/09/20200901-interimsprojektion-der-bundesregierung.html, zuletzt abgerufen am 14.01.2021.

Deutscher Bundestag, Bundestag beschließt das Jahres-steuergesetz 2020, https://www.bundestag.de/dokumente/textarchiv/2020/kw51-de-jahressteuergesetz-2020-812872, zuletzt abgerufen am 14.01.2021.

Deutscher Bundestag, Experten fordern Steuerentlastung für Home Office, https://www.bundestag.de/dokumente/textarchiv/2020/kw44-pa-finanzen-jahressteuer-796692, zuletzt abgerufen am 14.01.2021.

Enache, Christina / Asen, Elke u.a., Tracking Economic Relief Plans Around the World during the Coronavirus Outbreak, https://taxfoundation.org/coronavirus-country-by-country-responses/#tracking, zuletzt abgerufen am 14.01.2021.

OECD, OECD Secretariat Analysis of Tax Treaties and the Impact of the COVID-19 Crisis, https://www.oecd.org/coronavirus/policy-responses/oecd-secretariat-analysis-of-tax-treaties-and-the-impact-of-the-covid-19-crisis-947dcb01/, zuletzt abgerufen am 14.01.2021.

Statistisches Bundesamt, Vergleich Corona- und Finanzmarktkrise – Krisenmonitor, https://www.destatis.de/DE/Themen/Querschnitt/Corona/krisenmonitor.html, zuletzt abgerufen am 14.01.2021.

Sonstige Quellen

Redaktion beck-aktuell, Bundesrat billigt Corona-Steuerhilfen, becklink 2016510.

Redaktion beck-aktuell, Finanzausschuss: Sachverständige fordern Steuerentlastung für Home Office, becklink 2017901.

Redaktion beck-aktuell, Bundestag beschließt Homeoffice-Pauschale, becklink 2018388.